MARCO POLO

Camper Guide

Lombardei, Piemont & Ligurien

Insider-Tipps

Für deine Wohnmobil-Touren

in Zusammenarbeit mit

Anne Steinbach & Clemens Sehi

Inhalt

Das Beste zuerst

 Insider-Tipp

i Serviceangaben

P Parkplatz

Fototipp

Hunde willkommen

kinderfreundlich

schöne Lage

€–€€€ Preiskategorien

Planen – Packen – Losfahren

Hol dir den Soundtrack zum Urlaub auf **Spotify** unter **MARCO POLO Italy**

Die besten Touren in der Lombardei, Piemont & Ligurien

MARCO POLO Digitale Extras

TOUREN-DOWNLOAD

Alle Touren aus diesem Band als gpx-Download zur einfachen Orientierung

marcopolo.de/camper-guide/lombardei-piemont-ligurien

Trendziele, Inspiration und aktuelle Infos findest du auf **marcopolo.de**

Du findest uns auch auf Instagram und Facebook!

PLAYLIST ZUM ROADTRIP

Den Soundtrack für deinen Urlaub gibt's auf Spotify unter MARCO POLO Italy

Code mit Spotify-App scannen

Alle Infos zum digitalen Angebot unter **marcopolo.de/app**

Best of Campingplätze

CAMPERIDYLLE

Vom Womo aus geht's im Camping QUAI direkt auf den Iseosee.

1 Für Glamper

Wer zwischen Campingkocher und Gasgrill mal eine Abwechslung braucht, der ist auf dem **Camping Melezza Losone** bei Locarno richtig. Hier gibt es ein unglaublich gutes Restaurant für Frühstück, Mittagessen und Abendessen – und das alles auf einer gut beschatteten Terrasse. Und wen die eigene Kochlust doch überkommt, der kann sich im kleinen Shop noch die nötigen Zutaten kaufen. ▶ S. 39

2 FÜR WASSERRATTEN

Ein Urlaub ohne Zugang zum Wasser ist kein Urlaub? Dann ist das **Camping QUAI** perfekt für dich. Hier kannst du vom Wohnmobil gleich in den Lago d'Iseo hüpfen, dein Boot über die Slipanlage direkt in den See befördern oder gar an einer der vielen Bojen anlegen. Als Belohnung wartet ein *aperitivo* bereits in der Bar des Campingplatzes auf dich. Motivation genug? ▶ S. 93

3 Für Familien

Kinderanimation, ein Spielplatz mit Rutschen und Schaukeln, Tischtennis, Boccia und vieles mehr. Der **Camping International Touring** in Sarre im Aostatal bietet die perfekte Basis für einen Familienurlaub auf dem Campingplatz. Und während die Kinder versorgt sind, können Wanderfreunde das Gebirge erkunden. Klingt doch nach einem perfekten Plan, oder? ▶ S. 129

4 Für Sonnenanbeter

Der **Campeggio Maralunga** in Lerici bei La Spezia ist terrassenförmig angelegt und bietet dir aus sämtlichen Winkeln uneingeschränkten Meerblick. Über eine Leiter kannst du in der Campingplatz-eigenen Badebucht schwimmen, dich unter den vielen Olivenbäumen ausruhen und am Abend den spektakulärsten Sonnenuntergang der Region bewundern. ▶ S. 173

5 FÜR GOURMETS

Der **Agricampeggio Agripassione di Laura Borin** in Asti verdient es eigentlich nicht, Campingplatz genannt zu werden. Viel mehr ist es ein Zuhause auf Zeit, das Einblick in das italienische Landleben bietet, und vor allem ein Kurzurlaub bei einer Familie, die du sofort in dein Herz schließen wirst. Du stehst auf dem Bauernhof der Familie Borin und wirst am Abend sogar von Laura, ihrem Mann und der Tochter bekocht. Mal gibt es hausgemachte Pizza, mal Antipasti, mal ein lokales piemontesisches Gericht. Alle Zutaten kommen vom eigenen Hof und als wäre das nicht genug, kannst du deine eigenen Vorräte im Wohnmobil noch mit Lauras Likör und Saucen auffüllen. Der Campingplatz ist nur wenige Minuten vom Zentrum Astis entfernt und bietet sich perfekt als Ausgangspunkt für einen Ausflug in die Stadt an. ▶ S. 153

Entdecke Lombardei, Piemont & Ligurien

TRAUMKULISSE

Einfach wow – in den kleinen Örtchen der Cinqueterre die Zeit vergessen.

Die Ruhe des Lago Maggiore, feiner Zwirn aus Mailand und die *apertivi* zur Blauen Stunde: die Menschen in Nordwestitalien wissen, wie man es sich einfach mal gut gehen lässt. Ob in Weinregionen des Piemont oder vor den Panoramen des Aostatals, ob in den quirligen Städten der Lombardei oder in den Sundowner-Städtchen der ligurischen Küste, die Unterschiede zwischen Landschaften, Städten und Fußballfan-Zugehörigkeiten in dieser nordwestlichen Ecke des Stiefels könnten zwar größer nicht sein. Und doch gibt es viele Gewohnheiten, die alle in Nordwestitalien verbinden, vom Kulinarischen über die Spracheigenheiten bis zum Dolcefarniente, dem süßen Nichtstun.

REIS, REIS, BABY!

Nudel, du kannst einpacken! Der Reis ist auf dem Vormarsch. Und zwar in den meisten Fällen in Form von *risotto*. Norditalien setzt auf besondere eigene Qualitäten und Sorten, die sich gut für ihre Reisspezialität eignen, zum Beispiel Arbori, Vialone oder Carnaroli. Im Piemont werden hierfür unter anderem die Gebirgsflüsse Dora Baltea und Sesia angezapft, bei denen es sich um Schmelzwasser vom Mont Blanc und Monte Rosa handelt. Aber wer hätte gedacht, dass es Reisanbau in der Po-Ebene schon seit 500 Jahren gibt und dass das Piemont das größte Reisanbaugebiet Europas darstellt? Insgesamt produzierten Italiens Landwirte 2016 sage und schreibe 1,59 Millionen Tonnen Reis auf 234 000 Hektar Fläche. Davon gehen ungefähr 60 Prozent in den Export. Das nächste Mal, wenn du Reis auf dem Teller hast, reise doch einfach gedanklich (und geschmacklich) für einen kurzen Moment zu den riesigen, sattgrünen Reisfeldern im Piemont. Und dann: Schmecken lassen!

DOC, DOP? Simply good!

In Italien ist das Essen heilig: Fast jedes Produkt ziert ein Qualitätssiegel. So steht DOC bei Weinen für „Denominazione di Origine Controllata" und zeigt an, dass es sich um einen herkunftskontrollierten Wein aus einem bestimmten Anbaugebiet handelt. Auch DOP wirst du häufig als Siegel in deinem Urlaub sehen. Es ist die Abkürzung „Denominazione d'Origine Protetta" und gibt Auskunft über die regionale Herkunft verschiedenster Lebensmittel.

GESCHICHTE AN JEDER ECKE

Nordwestitalien steckt voller Welterbestätten: von da Vincis „Das Letzte Abendmahl" in Mailand über den Sacro Monte in Varese, die Palazzi in Turin und Genua bis zu den Kulturlandschaften der Cinqueterre. Historisch interessierte Reisende werden in der enormen Fülle an Highlights ebenso fündig, wie Architekturstudenten, Kunstliebhaber und Bibliothekare.

Pura Passione

Italien ist eine fußballverrückte Nation – vor allem der Nordwesten. Dabei geht es keineswegs nur um die *Squadra Azzurra*, die Nationalmannschaft, sondern um den lokalen Heimatverein. Und über den geht traditionell sowieso nichts. Man supportet den gleichen Verein wie schon der Papa, der Opa und der Uropa. Ihre Liebe zum Lieblingsverein verewigen italienische Fans gerne an der nächsten Autobahnbrücke (*„Del Piero ... ti amo!"*). Nordwestitalien kommt hier sogar eine kleine Sonderrolle zu, denn keine Ecke des Stiefels hat so viele bedeutende Vereine in der Serie A. Man denke nur an Juventus Turin, AC Mailand, Inter Mailand, CFC Genua und der FC Turin. Diese Teams haben alleine 90 Meistertitel geholt. Insofern: *Forza Italia!*

AUF EINEN BLICK

4061 m
Gran Paradiso, höchster Berg Italiens
[Großglockner: 3798 m]

Küste Liguriens
300 km
[Küste Venetiens: 120 km]

2500 €
Strafe zahlt
wer mit Flip-Flops auf einer Wanderung im Nationalpark Cinqueterre erwischt wird

Berühmte Geigenbauer
3
stammen aus Cremona: Antonio Stradivari, Andrea Amati und Giuseppe Guarneri del Gesù

39
MEISTERTITEL HÄLT JUVENTUS TURIN, DER ITALIENISCHE REKORDMEISTER
[FC Bayern: 32]

MIT 117 STARB
Emma Morano
2017 in Verbania als älteste Italienerin

11
UNESCO-Welterbestätten besitzt die Lombardei, mehr als jede andere Region in Italien
[Bayern: 10]

365.000 t
Nutella produziert der piemontesische Konzern Ferrero jährlich weltweit

652 km
SO LANG IST DER FLUSS PO
[Rhein: 1232 km]

ALLES FIAT, ALLES GUT

Italiener*innen, die ein französisches Auto fahren? No way! In kaum einem Land ist der Patriotismus so groß, dass er sogar die Familienkutsche nicht ausspart. Nicht nur in Turin, der Wiege der italienischen Autoindustrie, fährt man traditionell Fiat. Überall in Nordwestitalien wäre die Sichtung eines Peugeot so selten wie die eines Schillerfalters.

Galloitalisch

Von Ŏ über è bis Ū: Solltest du bei deiner Reise plötzlich auf ungewohnte Buchstaben treffen, wundere dich nicht. Als Galloitalisch werden Dialekte wie unter anderem das Piemontesische, das Lombardische oder das Ligurische bezeichnet. Sie unterscheiden sich linguistisch so stark vom Italienischen, dass sie nicht mehr als Dialekt angesehen werden können. Solltest du also irgendwo nur Bahnhof verstehen, mach dir nichts draus, Süditalienern geht's genauso.

Dolcefarniente

In Nordwestitalien sind die Menschen geübt im Dolcefarniente, dem süßen Nichtstun. Das mag ziemlich gemein klingen, soll es aber gar nicht. Denn hinter der Lebensphilosophie versteckt sich eine kluge Herangehensweise an unsere schnelllebige Zeit, die Hektik und die ständige Erreichbarkeit. Während das Nichtstun bei uns oft einfach als faul sein abgestempelt wird, gehört es in weiten Teilen Nordwestitaliens zum Lebensmotto dazu – von der Hausfrau in Mantua über den Koch in Genua bis hin zum Banker in Turin. Bleibt die Frage, woran man das Dolcefarniente eigentlich erkennt? Zum Beispiel daran, dass die Bordsteine in der lodernden Mittagshitze einfach hochgeklappt werden. Oder an den vollen Tischen der Straßencafés von Como bis Cuneo, an denen sich alle Welt zum *aperitivo* trifft. Unser Tipp: Einfach dazusetzen und erspüren, wie das Leben im Hier und Jetzt funktioniert. Du wirst es lieben.

IT'S APERO-TIME

Zur blauen Stunde versammelt man sich in ganz Nordwestitalien zu Aperitif und Knabbereien.

Essen & Trinken

HÜLLE & FÜLLE

Die Vielfalt italienischer Produkte präsentiert ein Lebensmittelstand auf dem Mercato Orientale in Genua.

Mit der Lombardei, dem Piemont und Ligurien kommen drei kulinarische Schwergewichte aus Italien um die Ecke. Nicht nur wurde im Piemont die Slow-Food-Bewegung gegründet, hier sind auch einige der wichtigsten kulinarischen Spezialitäten Italiens entstanden. In der Lombardei werden knapp 60 verschiedene Käsesorten hergestellt – vom Gorgonzola bis hin zum Grana Padano. Und als wäre das nicht schon Gourmetküche genug, wartet dann noch Ligurien mit frischem Fisch, herrlich durftendem Basilikum und der wohl besten Focaccia der Welt darauf, entdeckt zu werden. Eins ist sicher: An kulinarischen Highlights mangelt es auf deiner Reise nicht.

Solo un cornetto

Wer stilecht Italienisch essen möchte, startet den Tag mit einem leichten Frühstück, einer *colazione*, die meist aus einem *cornetto*, einem Croissant oder ähnlichem Gebäck, und einem *cappuccino* besteht. Wer danach noch einen Kaffee braucht, der sollte stets einen Espresso, also einen *caffè* bestellen. Ein Cappuccino nach dem Frühstück? Das machen nur Touristen. Der *pranzo*, das Mittagessen, wird in Italien häufig zwischen 13 und 14 Uhr eingenommen. Dabei gibt es meist zwei Gänge oder ein schnelles Mittagessen auf die Hand. Zwischen dem Mittag- und Abendessen findet die schönste „Mahlzeit" in Italien statt – der *aperitivo*, also die Happy Hour. Je nach Region und Stadt bekommst du dann in den meisten Bars und Restaurants zu deinem Aperol Spritz, Campari oder ähnlichen Cocktails bzw. Longdrinks ausgewählte Snacks oder gar ein komplettes Buffet, das im Preis mit inbegriffen ist. Achtung, manchmal ist der *aperitivo* so umfangreich, dass er schnell das Abendessen ersetzt. Schade, denn die *cena*, das Abendessen, ist ein Fest der Sinne, bestehend aus mindestens zwei Gängen. *Buon appetito!*

Primi oder Secondi? Beides!

Das Essen gehört in Italien zum festen Tagesablauf dazu. Doch nicht nur das. Essen ist ein Fest. Und zwar jeden einzelnen Tag. Allein deswegen findest du auf den Menükarten der Restaurants in Italien mehrere Gänge, die zu jedem guten italienischen Essen dazugehören. Traditionell bekommst du zunächst einen Brotkorb, danach startest du mit einer kleinen Vorspeise, gefolgt von den *primi piatti*, meist Pasta oder Risotto, und den *secondi piatti*, dem eigentlichen Hauptgericht. Dieses kann ganz unterschiedlich aussehen – mal Fisch, mal Fleisch, mal etwas ganz anderes. Danach gibt es das Dessert und natürlich einen Digestif. Aber keine Sorge, du kannst in jedem Restaurant natürlich auch nur ein Gericht bestellen – ganz ohne Probleme.

COPERTO ODER TRINKGELD?

Trinkgeld ist in den italienischen Restaurants eher unüblich. Dafür findet sich auf fast jeder Rechnung der Begriff *coperto*, was so viel wie Gedeck bedeutet und meist mit ein bis zwei Euro pro Gast berechnet wird. Es beinhaltet den eingedeckten Tisch sowie meist einen Brotkorb, der zu Beginn gereicht wird. Achtung: Je touristischer das Restaurant, desto höher das *coperto*.

Al banco, bitte

Um im Italienurlaub wirklich die „echten" Espressopreise zu zahlen, empfiehlt es sich, den Espresso *al banco* zu trinken, also traditionell direkt am Tresen. Einfach dorthin stellen, einen Espresso bestellen und den köstlichen Koffeinschub im Stehen genießen.

MENÜKARTE

Antipasti

Farinata
Fladen aus Kirchererbsenmehl, manchmal mit Artischocken und Frühlingszwiebeln gefüllt

Vitello Tonnato
Dünn geschnittenes Kalbfleisch mit Thunfischsauce und Kapern

Primi Piatti

Gnocchi di Zucca
Typisch lombardische Kürbisgnocchi in Salbeibutter

Agnolotti del Plin
Kleine piemontesische Ravioli, die meist mit geschmortem Fleisch gefüllt sind

Polenta al Tartufo
Bergamos Nationalgericht mit frischem Trüffel aus der Region

Secondi Piatti

Ossobuco con Risotto alla Milanese
Aufwendig geschmorte Beinscheiben mit milanesischem Safran-Risotto

Tinca al Forno
Typisches Gericht vom Lago d'Iseo – im Ofen überbackene Schleie

Brasato al Barolo
Piemontesischer Rinderschmorbraten mit einer Sauce aus Barolowein

Desserts

Gianduttto
Nougatpralinen mit Haselnüssen aus dem Piemont

Baci di Alassio
Keks mit einer Mischung aus Schokoladen und Haselnüssen

Getränke

Barolo & Barbaresco
Typisch piemontesischer Rotwein

Campari
In Mailand entwickelter Bitter

Bicerin
Süßes Getränk aus Turin aus heißer Schokolade, Espresso und Sahne

MADE IN ITALY: SLOW FOOD

In den 1980er-Jahren hatte sich eine italienische Gruppe unter Führung von Carlo Petrini aus dem piemontesischen Bra vorgenommen, gezielt gegen die Fast-Food-Bewegung aus den USA vorzugehen. Das Ziel: das Genießen des Essens zu fördern und die regionale Küche zu erhalten. Gesagt, getan. Seit 1986 gibt es den offiziellen Slow-Food-Verein, der mittlerweile über 80 000 Mitglieder in über 100 Ländern hat.

Salute!

Was wäre Italien ohne die Lombardei, das Piemont und Ligurien? Ziemlich durstig. Alle drei Regionen sind die Geburtsstätten international beliebter Getränke. Dazu gehören der Campari aus Novara, der Wermut aus Turin, die weltbekannten Rotweine Barolo und Barbaresco aus dem Piemont sowie der Spumante aus Asti. Grund genug also, für einen *aperitivo* einzukehren, oder?

Super speziell, super piemontesisch

Kaum eine andere Region in Italien hat so viele Spezialitäten hervorgebracht wie das Piemont: die Wiege des Guten, die Geburtsstätte zahlreicher weltweiter kulinarischer Exportschlager. Angefangen bei den *grissini,* dem leichten Knuspergebäck, das sich in fast jedem Brotkorb im heimischen Ristorante befindet, über das herzhafte *vitello tonnato,* dünn geschnittenes Kalbfleisch mit Thunfischsauce, bis hin zum klassischen Sonntagsbraten *brasato al Barolo* – der natürlich mit dem berühmten lokalen Rotwein serviert wird – oder *tajarin,* Eiernudeln mit Butter, Trüffel und Käse. Die Vielfalt der kulinarischen Spezialitäten im Piemont wird von den angrenzenden Regionen beeinflusst: von Frankreich, der Schweiz, aber auch den italienischen Regionen Ligurien, Emilia-Romagna und der Lombardei am Fuß der Alpen. Mach dich gefasst auf ein kulinarisches Fest der Sinne und plane dir am besten jetzt schon die Restaurantbesuche im Piemont fest ein.

GAUMENFREUDEN

Cremiges Risotto alla Milanese und lang in Rotwein geschmorter Ossobuco

Trend- & Funsport

GIPFELGLÜCK

Für Mensch und Tier ein Erlebnis: Wandern im Gran Paradiso Nationalpark.

Rennrad

Wann? Mit dem Rennrad machst du die Straßen Nordwestitaliens am besten außerhalb der wirklich heißen Sommermonate unsicher.

Wo? Besonders empfehlenswert ist der Rundweg um den Comer See oder die ligurische Küste von Imperia bis nach San Remo.

Wie? Wenn du dein Rennrad nicht selbst mitbringst, kannst du es dir an zahlreichen Orten leihen, zum Beispiel über *nolobici.it* ab 42 € am Tag.

Segeln

Wann? Wer die *tramuntana*, den Nordwind aus den Bergen mitnehmen möchte, der sollte vor allem im Frühjahr und Herbst zum Segeln kommen.

Wo? Vor allem der Lago Maggiore und Lago d'Orta im Piemont sind wahre Hot Spots für Segelenthusiasten.

Wie? Wer das Segeln lernen möchte, ist in der Segelschule *asconautica* in Ascona gut aufgehoben. Kurse starten bei 30 € pro Stunde in einer Gruppe.

Wandern

Wann? Vor allem Frühling, Frühsommer und Herbst sind perfekte Jahreszeiten, um die vielen Wanderwege des Piemont, des Aostatals, Liguriens und der Lombardei unsicher zu machen. Dann sind die Temperaturen angenehm und die Landschaften absolut malerisch.

Wo? Jede Region hat ihre eigenen kleinen bis großen Wanderrouten. Besonders schön sind zum Beispiel ein Teil der Bar-to-Bar-Route von Barolo nach Barbaresco oder der Abschnitt zwischen den Bergdörfern im Aostatal.

Wie? Für Wanderungen in Nordwestitalien brauchst du gute Wanderschuhe und natürlich die passende Kleidung. Informiere dich am besten vorher bei den jeweiligen Touristeninformationen über die Beschaffenheit der Wanderwege.

SUP

Wann? Gerade im Sommer ist die Trendsportart SUP die perfekte Option, um den teilweise hohen Temperaturen kurzzeitig zu entkommen. Auch im Frühling und im Herbst kann eine Auszeit auf dem Wasser wunderschön sein.

Wo? Besonders die Seen Lago Maggiore, Lago di Como, Lago d'Iseo und der Luganer See eignen sich hervorragend zum SUPen. Doch auch die ligurische Küste und sogar die fotogenen Dörfer des Cinqueterre kannst du vom SUP aus erkunden.

Wie? Mittlerweile vermieten Campingplätze SUPs an ihre Gäste – vor allem an den Stell- und Campingplätzen, die direkt am See liegen. Im Cinqueterredorf Riomaggiore kannst du bei *Cinque terre dal Mare* an der Badebucht ein SUP für 10 € die Stunde mieten.

SEGELGLÜCK

Auch Lugano bildet eine herrliche Kulisse, um auf dem See die Segel zu setzen.

Die besten Touren in der Lombardei, Piemont & Ligurien

ANDIAMO

Vom Lago Maggiore geht es in die zauberhafte Bergwelt des Verzascatals.

Alle Touren im Überblick

Österreich
Schweiz
Suisse / Svizzera / Svizra
Meran
Merano
BOLZANO
BOZEN
B
Von Lugano um den Comer See nach Bergamo
Zwischen Villen & Mailands kleinem Bruder
Seite 52
Belluno
Feltre
PORDENONE
Conegliano
Rovereto
Montebelluna
Portogruaro
BER-GAMO
C
Vom Iseosee in die Po-Ebene nach Alessandria
TREVISO
BRESCIA
Lago di Garda
VICENZA
Marghera
Jesolo
EOSEE
9
VERONA
San Bonifacio
VENEZIA
Desenzano del Garda
PADOVA
Crema
Chioggia
Legnago
Mare Adriano
CREMONA
10
MANTOVA
ROVIGO
11
PIACENZA
Suzzara
Quer durch das Landesinnere
Seite 80
Mirandola
FERRARA
Cento
Comacchio
REGGIO NELL'EMILIA
MODENA
Argenta
Formigine
BOLOGNA
RAVENNA
Lugo
Wilde Hafenromantik & bunte Fischerdörfer
Seite 158
Imola
Cervia
Faenza
FORLÌ
Cinqueterre
F
Von La Spezia über die Cinqueterre zur Blumenriviera
RIMINI
20
19
MASSA
PISTOIA
CITTÀ DI SAN MARINO
SMR
A SPEZIA
PRATO
Quarrata
Viareggio
LUCCA
FIRENZE
30 km

IMPOSANT

Die Isola Bella auf dem Lago Maggiore vor der gewaltigen Kulisse der Alpengipfel

See-Hopping meets Camping
Vom Lago Maggiore über den Ortasee nach Varese

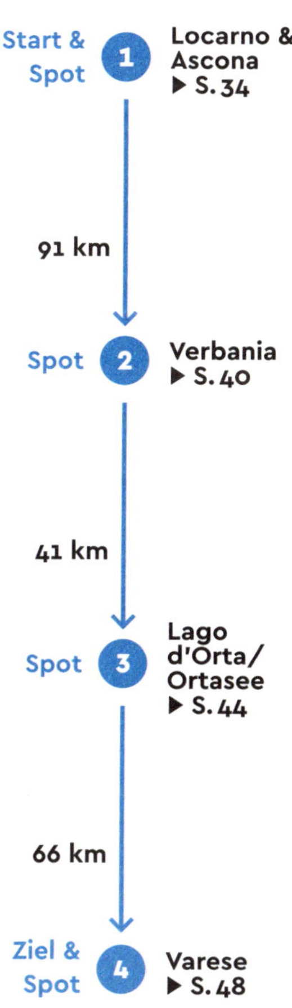

Inselhopping? Kann doch jeder. Kenner Italiens verbinden lieber die Prachtseen Oberitaliens miteinander – schließlich ist der rote Teppich für Camper dort längst ausgerollt. Ob an den sattgrünen Hängen des Lago Maggiore, an den kurvigen Panoramastraßen des Ortasees oder aber im quirligen Treiben auf dem Kopfsteinpflaster von Locarno bis Angera: Es erwarten dich romantische Aperitifspots vor der Alpenkulisse der Viertausendergipfel, imposante Flaniergärten mit prächtigen Villen, natürliche Flussbadeplätze und ein Staudamm, an dem sich schon James Bond wagemutig herabstürzte.

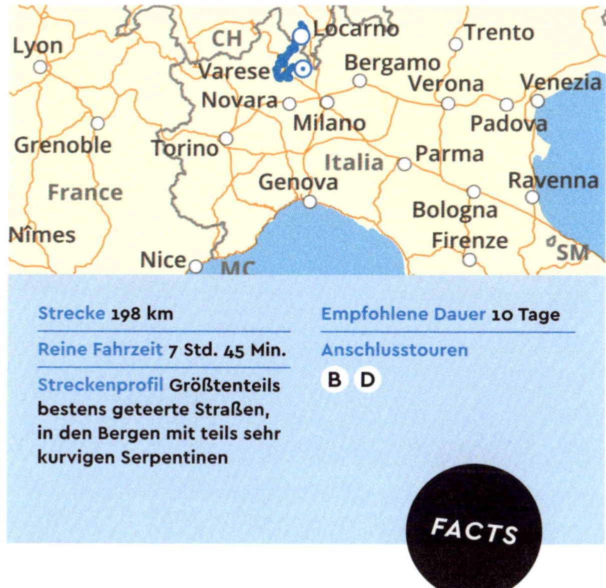

Strecke 198 km

Reine Fahrzeit 7 Std. 45 Min.

Streckenprofil Größtenteils bestens geteerte Straßen, in den Bergen mit teils sehr kurvigen Serpentinen

Empfohlene Dauer 10 Tage

Anschlusstouren B D

FACTS

Tour A im Überblick

Tour-Highlights

Flussbaden im Maggia- und Verzascatal am *Pozzo di Tegna* und am *Ponte dei Salti* ▶ **S. 26 u. 27**

Durch die Gärten der *Villa Taranto* lustwandeln ▶ **S. 41**

Zu den *Borromäischen Inseln* schippern ▶ **S. 41**

Durch das beschauliche *Orta San Giulio* flanieren ▶ **S. 45**

Mit Blick auf den Ortasee auf dem *Monte Mottarone* aufwachen ▶ **S. 47**

Schweiz
Suisse / Svizzera / Svizra
Ponte dei Salti
Valle di Verzasca
Pozzo di Tegna
Diga Verzasca
Centovalli
1
Locarno & Ascona
Seite 34
Cannobio
Parco nazionale della Val Grande
Lago Maggiore
LUGANO
Lago di Lugano
2
Verbania
Seite 40
Stresa
Monte Mottarone
Parco regionale Campo die Fiori
Varese
Seite 48
4
3
Angera
Arona
Lago di Varese
Lago di Monate
Lago di Comabbio
7 km

Ⓐ Tourenverlauf

Start & Spot ①

Locarno & Ascona
Mediterranes Flair in der Schweiz ▶ **S. 34**

Optionaler Anschluss: Tour Ⓑ

5 km Lust auf einen tollen Badespot? Dann verlasse Locarno und die Nachbargemeide Ascona über die Via Arbigo und fahre am Campingplatz Melezza (▶ S. 39) vorbei weiter in Richtung Maggiatal. Kurz hinter Intragna biegst du scharf rechts auf die Via Cantonale ab. Durchfährst du die beiden Gemeinden Terre di Pedemonte und Cavigliano, erreichst du schon nach gut 12 Kilometern den Strand von Tegna.

Pozzo di Tegna

Der **Sandstrand von Tegna** ist vor allem für eines beliebt: Flussbaden. Besucher erwartet ein großer Badeplatz mit kristallklarem Wasser, der von prächtigen Felsen umringt ist. Hier ist viel Platz zum Toben und Spielen und ein Wasserfall plätschert idyllisch vor sich hin. Der perfekte Badespaß für Groß und Klein!

P *Reichlich Platz gibt's am Posteggio Pozzo di Tegna (GPS 46.1837066, 8.7457272), von dort sind es nur 2 Min. zu Fuß zum Strand. Abenteuerlustige können vom Nachbarort Ponte Brolla zu den Felsen hinunterklettern: Dafür parkt man am kleinen Parkplatz an der Straße gegenüber dem Ristorante della Stazione Ponte Brolla (GPS 46.1854951, 8.7524048).*

19 km Vom Strand in Tegna kommend fährst du über die Campi Grandi di Sotto und biegst schon nach wenigen Metern in die Via Campagna ab, die bald in die Via Cantonale und anschließend in die Via Valle Maggia übergeht. Folge ihr am Ostufer des Flusses Maggia entlang und fahre in Ascona auf die A13 bis Via Valle Verzasca in Gordola und weiter auf dieser Bergstraße bis zum Verzascastaudamm.

Diga Verzasca

Das Verzascatal ist durch seine am Taleingang befindliche Bogenstaumauer bekannt, der 220 Meter hohen **Contra-Talsperre.** Ihr Ruhm geht auf Pierce Brosnan zurück, der als James Bond 007 in der Anfangsszene des Films Golden Eye (1995) an einem Bungeeseil befestigt heruntersprang. Wer es ihm gleichtun will, kann das noch immer *(Buchung*

trekking.ch/bungy | immer nachmittags, April–Juli u. Sept./Okt. Sa/So, Juli–Aug. Mi–So | Erwachsene 225, Jugendliche/Studenten bis 20 Jahre 195 CHF). Und für alle, die lieber dabei zuschauen, gibt es erfrischendes Eis im Souvenirshop.

P *Parken direkt beim Staudamm links von der Fahrbahn | Parkticket direkt am Automaten ziehen | GPS 46.1965448, 8.8493133.*

6 km Du lässt den Verzascastaudamm hinter dir und folgst der Via Valle Verzasca nach Norden Richtung Costa Berzona. Dabei durchfährst du einige Tunnel. Nach 4,9 Kilometern erreichst du das Dorf **San Bartolomeo** mit seinem markanten Uhrturm, fährst aber rund 3,8 Kilometer bis zur Ponte dei Salti weiter.

Ponte dei Salti

Die eigentliche Schönheit des Valle Verzasca liegt weiter talaufwärts, etwa 4 Kilometer vom Dorf San Bartolomeo entfernt. Vor allem bei Einheimischen beliebt ist die Badestelle an der Römerbrücke **Ponte dei Salti.** Die überaus hübsche Steinbrücke in Wellenform führt Badegäste über den Fluss und dort entweder auf tolle Wanderwege an den Hängen

ERFRISCHEND

Ein Bad im kristallklaren Wasser der Maggia beim Pozzo di Tegna.

entlang des Vogornostausees oder direkt hinunter ins smaragdgrüne, kühle Nass. Wenn du dich traust, kannst du es der einheimischen Jugend gleichtun und dich im Turmspringen vom Brückengeländer ausprobieren. Ansonsten lohnen sich die Felsen auch zum Sonnenbaden. Überquerst du die Römerbrücke, kannst du auf der anderen Seite dem Wanderweg nach rechts folgen. Dieser führt dich am Flussufer entlang und hinauf zu wunderbaren Ausblickspunkten.

P *Parken direkt am Seitenstreifen des Dorfs, auch für Womos mit über 6 m Länge | GPS 46.2604671, 8.834832.*

35 km Verlasse das Verzascatal wieder in Richtung Locarno und folge der Via Valle Verzasca und später der Via San Gottardo nach links. Kurz hinter Gordola fährst du nach 9,4 Kilometern auf die A13 in Richtung Locarno und Ascona, auf der man den städtischen Bereich durch den Stadttunnel über die Schnellstraße 13 in Richtung Südwest hinter sich lässt. Entlang der Westküste des Lago Maggiore geht es über die italienische Grenze bis Cannobio. Die Straße führt etwa 100 Meter über dem Wasser entlang und offenbart fantastische Ausblicke auf die Schweizer Seite des Langensees.

Der perfekte Fotospot befindet sich am Porto Ronco (GPS 46.1424036, 8.7005623), wo es einen kleinen Parkplatz direkt über dem See gibt. Gegenüber liegen im Lago Maggiore die Isola di San Pancrazio und die Isola di Brissago, zu denen von hier regelmäßig Fähren fahren.

Auf dem Weg nach Cannobio durchquerst du den schönen Ort Brissago. Am **Lido Beach Brissago** *(Mai–Juni u. Sept. 10–18, Juli/Aug. 10–19 Uhr | Erwachsene 7, Kinder 3–16 Jahre 4, Familien 18 CHF | Via Valmara, 1 | Brissago | lidobrissago.ch)* ist Entspannung angesagt.

Insider-Tipp
Erfrischung on the way

Die 75 Meter lange Kamikazerutsche bietet Groß und Klein lang andauernden Spaß. Was den Pool betrifft, den will keiner wegen des unglaublichen Seeblicks so schnell verlassen.

Cannobio

Bella Italia! Schon kurz hinter der Grenze wird man vom adretten Ort **Cannobio** begrüßt. Und zwar mit südlichem Flair und hübschen Flaniergassen, wo man sich auf den Terrassen der Restaurants zum Aperitif trifft.

P *Kostenloser Parkplatz in der Via Darbedo, 19 | Cannobio | GPS 46.0689, 8.6925.*

26 km Statt die ganze Zeit am See entlangzufahren, geht es in die Berge über dem Lago Maggiore. Dafür folgst du der SS34 del Lago Maggiore 6,6 Kilometer bis Cannero Riviera und biegst dort nach rechts auf die Serpentinenstraße ins Gebirge ab. Nach etwa 9 Kilometern passierst du den **Wonderwood Park,** in dem kleine Abenteuer für die ganze Familie warten. Hier findest du einen Spielplatz, Abenteuerpfade für jedes Alter und den WonderFly für ganz Mutige *(Sa u. So 11–17 Uhr | Erwachsene ab 29,90, Kinder 17,90 € | Località Monte Carza | Trarego Viggiona | wonderwood.it/de).* Von hier aus sind es noch 11 Kilometer bis zur **Terrazza Belvedere.**

Der Aussichtspunkt Terrazza Belvedere öffnet den Blick auf den Lago Maggiore für Besucher wie eine Fototapete. Es gibt zwei Sitzbänke für ein kleines Vesper mit Ausblick.

Vom Aussichtspunkt geht es über die Str. L. Cadorna und die Via Pian di Sole und die Via Vittorio Veneto bis **Premeno (**▶ S. 41), das du nach knapp 10 Kilometern erreichst. Von dort fährst du auf der Via Alfredo Pariani, der Via Bee Pian Nava und der Via Farinet bis Vignone, von wo aus du auf der SP55 in Serpentinen bis zum Corso Italia in Pallanza und weiter ins Stadtzentrum von Intra gondelst. Keine Sorge, es handelt sich bei dieser Bergroute zwar um kurvige Straßen, die aber gut zu fahren sind und tolle Ausblicke auf schneebedeckte Gipfel bieten.

Spot 2

Verbania

Malerische Szenen am Lago Maggiore ▶ **S. 40**

14 km Fahre knapp 6 Kilometer auf der SS34 del Lago Maggiore nach Westen in Richtung Via Rhodiatoce, bis du kurz nach Fondotoce einen Kreisverkehr erreichst. Dort nimmst du die zweite Ausfahrt in die Via per Feriolo/SS33racc und überquerst den knallgrünen Fluss Toce, der in den Lago Maggiore mündet. Du folgst der Straße 2 Kilometer bis Feriolo/Baveno. Hier fährst du im Kreisverkehr geradeaus und weiter an der malerischen Westseite des Lago entlang, die von herrschaftlichen Villen geprägt wird. Nach gut 6 Kilometern erreichst du Stresa.

Der Parkplatz bei GPS 45.9267829, 8.4837849 ist perfekt für einen Fotostopp mit Blick auf die Borromäischen Inseln.

FARBENFROH

Blütenpracht auf der Isola Madre, einer der Borromäischen Inseln im Lago Maggiore.

Stresa

Früher Treffpunkt der Dichter, Denker und Künstler, heute Ausgangspunkt für Bootsausflüge: Stresas Lage am Südufer des Borromäischen Golfs und mit einem traumhaften Blick zu den vorgelagerten Inseln, zum gegenüberliegenden Ufer und zum Monte Tamaro im Norden, weiß bis heute Besucher zu entzücken (▶ S. 42). Neben der gepflegten Uferpromenade lohnt sich der Anblick der **Villa Pallavicino,** deren riesiger Park in englischem Stil angelegt ist *(tgl. 10–18 Uhr | Tickets ab 13 € | Via Sempione Sud, 8 | Stresa | isoleborromee.it/parco-pallavicino).*

P *Parken auf dem Parcheggio Baia | Viale Lido, 1, unterhalb der Tankstelle Eni | Stresa | GPS 45.8900198, 8.5207454.*

27 km Der schönste Weg von Stresa am Lago Maggiore nach Orta San Giulio am Ortasee führt über einen herrlichen Bergpass und den Gipfel des 1491 Meter hohen **Monte Mottarone.** Dafür verlässt du Stresa auf der Serpentinenstraße in die Berge und fährst über die Via per Binda, die Via per Vedasco und die Via per Gignese weiter auf die Via Stresa. Nach 9,7 Kilometern erreichst du mit dem Bergdorf **Gignese** den ersten sehenswerten Stopp. Hier empfiehlt sich ein kurzer Besuch im Regen- und Sonnenschirmmuseum *(Museo dell'ombrello | April–Sept. Di–So 10–12 u. 15–18 Uhr | Tickets 2,50 € | Viale Golf Panorama, 4 | Gignese | museodellombrello.org).* Weiter geht es 11,7 Kilometer über

die Str. privata Borromea weiter bis zum **Rifugio Genziana** auf dem Monte Mottarone (▶ S. 45). Die Anfahrt ist auch für große Wohnmobile gut machbar, jedoch sehr serpentinenreich. Wenn du Bergpässe lieber meidest, dann nimm ab Stresa die SS33 über Feriolo und folge der Galleria del Bocciol über die SP229 bis zum Ortasee (24 km).

*Echte Kenner trinken im **Rifugio Genziana** am Morgen den ersten Kaffee (GPS 45.880152, 8.449671 | mottarone.it/rifugio-genziana).*

Mit dem Ortasee vor Augen fährst du von den Alpe San Guida auf der Via Mottarone 12 Kilometer bis **Armeno,** wo du unbedingt einen kleinen Spaziergang vom Hauptplatz *(GPS 45.8223878, 8.4384011)* über die idyllische Fußgängerallee zur Pfarrkirche Maria machen solltest *(kostenloser Parkplatz: GPS 45.8229278, 8.4389843)*. Nach weiteren 2,5 Kilometern über die Via II Riviere und die Via Circonvallazione gelangst du ins ebenfalls sehenswerte Bergdorf **Miasino.** Ein herrlicher Spaziergang führt dich am Ufer des Agognaflusses entlang oder du startest von hier zu einer der zahlreichen Wanderungen zwischen Ortasee und Lago Maggiore. Von Miasino sind es nur noch 2 Kilometer bis Orta San Giulio am Ortasee.

Spot 3

Lago d'Orta/Ortasee

Der kleine Bruder des Lago Maggiore ▶ **S. 44**

Optionaler Anschluss: Tour D

22 km

Bevor du den Ortasee verlässt, solltest du einen kulinarischen Stopp beim **Agriturismo il Cucchiaio di Legno** einlegen *(Mi–Fr zum Abendessen, Sa u. So zum Mittagessen | Via Prisciola, 10 | Legro | Tel. +39 33 95 77 53 85 | ilcucchiaiodilegno.com)*. Köchin Maria Piera lässt nur tagesfrische Lebensmittel aus eigener Produktion auf den Tisch. Fahre dafür am großen Kreisverkehr von Orta San Guilia auf die Via Marconi und biege dann auf die Via Lunati ab, die später zur Via Prisciola wird – gerade einmal 1,3 Kilometer. Am Ostufer des Ortasees entlang geht es auf der Via Panoramica nach Südosten. Der **Lido di Gozzano** liegt am südlichen Ende des Sees und ist mit kleiner Liegewiese, Kinderbereich und Sprungturm bestens ausgestattet für einen Tag am See. Einfach einen Liegestuhl und Schirm für einen halben oder ganzen Tag mieten und entspannen à la

WOHLBEHÜTET

Die Rocca Borromea bewacht den kleinen Hafen und das hübsche Angera.

Lago d'Orta *(Fr–So 11–24, Mo/Di/Do 11–15 u. 18–24 Uhr | Via alla Colonia, 17 | Gozzano | lidodigozzano.it/).*

Geht am besten mit einem Drink an der Lounge Bar vom Lido di Gozzano.

Zum Lago Maggiore folgst du der SP229 und SP229/II auf die SP142 bis Borgomanero und weitere 8,5 Kilometer nach Arona.

Arona

Am Südwestufer des Lago Maggiore gelegen ist Arona ein beliebter Kurzurlaubsort – vor allem für gestresste Großstädter aus Mailand. Die Stadt mit 16 000 Einwohnern lädt zu einem Bummel entlang der Hafenpromenade ein, die von zahlreichen Bars und Restaurants gesäumt wird. Perfekt für eine kurze Einkehr, da der Ausblick aufs Wasser und die gegenüberliegende Stadt Angera von hier besonders schön ist. Während für einen Sundowner mit Panoramablick die **Bar Stromoka** *(tgl. 7–21 Uhr | Corso Repubblica, 50A | Arona | Facebook: Stromoka)* zu empfehlen ist, lohnt sich ein Stopp bei **Focacceria Antica Genova** für eine frische Foccacia auf die Hand *(Fr–Mi 8.30–20 Uhr | Via Cavour, 30 | Arona | anticagenova.it)* und **Il Negozietto Italian Delights** für delikate Weine und andere norditalienische Leckereien zum Mitnehmen *(Mo 16–19.30, Di–Fr 10–13, 16–19.30, Sa u. So 10–13 u. 16–19.30 Uhr | Via Cavour, 128 | Arona | italiandelights.com/il-negozietto).*

P *Großer Parkplatz direkt am Hafen | Parcheggio Aldo Moro | GPS 41.2550187, 13.6050034 | Achtung: Manchmal ist die Höhenbeschränkung der Zufahrt auch für höhere Wohnmobile komplett geöffnet.*

17 km Ab auf die andere Seite der Südspitze des Lago Maggiore: nach Angera. Dafür verlässt du Arona auf der Via Francesco Baracca in südwestliche Richtung und fährst 1,5 Kilometer bis zur SS33 del Sempione/SP142. Mit dem Lago Maggiore zu deiner Linken umfährst du den südlichsten Zipfel, kreuzt den Fluss Ticino und biegst am anderen Ufer auf die Via Angera, die in die Via Milano übergeht. Nach 14,6 Kilometen erreichst du schließlich die Via Caduti Angeresi in Angera.

Angera

Von Arona kommend wird dir die größte Sehenswürdigkeit der Stadt Angera ohnehin schon bekannt vorkommen: Die mächtige **Rocca di Angera,** deren Geschichte bis ins Jahr 1066 zurückgeht, thront über dem Lago Maggiore und dominiert das Stadtbild *(tgl. 10–17.30 Uhr | Tickets ab 13 € | Via Rocca Castello, 2 | Angera | isoleborromee.it/rocca-di-angera/)*. Seit 1449 im Besitz der Familie Borromeo, ist das Kastell im Sommer für Besucher geöffnet. Kleiner Tipp: Mit dem Kombiticket kannst du die Rocca, die Isola Bella und die Isola Madre vergünstigt besuchen. Nicht weniger sehenswert ist die Kirche **Santa Maria Assunta** im Zentrum. Sie stammt aus dem 15. Jh. und überrascht mit spektakulären Fresken aus dem 18. Jh. Und wie wäre es mit einem Spaziergang an der Uferpromenade des Lago zum Sightseeingausklang?

P *Kostenloses Parken auf der Via Soldani, direkt am See und unter großen Bäumen | GPS 45.7719, 8.5810.*

27 km Diese Tour führt dich jetzt in Richtung Lago di Varese. Du verlässt dafür Angera auf der Via Varesina in Richtung Nordosten. Schon nach wenigen Metern geht sie in die SP69 über, die wiederum – nicht wundern – bald in die SP50, und schon in Bardello nach links in die SS394 übergeht. Nach 25,4 Kilometern kommst du in Varese an.

Ziel & Spot **4**

Varese
Die Stadt der Seen und Gärten ▶ **S. 48**

Optionaler Anschluss: Tour B, Tour D

Locarno & Ascona
Mediterranes Flair in der Schweiz

2300 Sonnenstunden im Jahr machen Locarno und seine Nachbarstadt Ascona am Nordzipfel des Lago Maggiore zur wärmsten Region der Schweiz. Wo Palmen und Zitronenbäume gedeihen, versammelt sich jährlich die Crème de la Crème des Showgeschäfts zum Locarno Film Festival auf der Piazza Grande. Doch nicht nur die Filmkunst weiß zu verzaubern, sondern auch die engen Altstadtgassen, die prunkvollen Palazzi und die Wallfahrtskirche Madonna del Sasso, die hoch über Locarno thront und einen Blick bis nach Italien verspricht. Und über die herrliche Umgebung der beiden Städte müssen wir ja wohl nicht sprechen, oder?

P *Parken in der Via della Pace, 20 | mindestens 5, maximal 20 CHF/24 Std. | GPS 46.1639, 8.7986.*

SPIRITUELL

Die Geschichte des Santuario Madonna del Sasso oberhalb von Locarno ist geheimnisvoll.

AKTIVITÄTEN & SIGHTSEEING

1 Pompöse Palazzi bestaunen

Bis heute erinnern imposante Bauten an die Aristokratie Locarnos. Ein Bummel durch die **Città Vecchia,** die Altstadt, gleicht einem Architekturlehrgang. Man trifft auf ehrenvolle Palazzi wie die **Casa Rusca** mit Innenhof und Loggia, den **Palazzo Rusca-Bellerio** mit ornamentaler Dekorationsmalerei oder die **Casa dei Negromanti** mit einem ganz besonderen Highlight: Das Schweizerkreuz am Eingang gilt als eine der ältesten Darstellungen des Schweizer Wappens überhaupt.

2 Mit der Bahn die Centovalli erkunden

Zwei Stunden, zwei Nationen, 83 Brücken und 31 Tunnel. Das erwartet dich auf der 52 Kilometer langen Tour mit der **Centovallibahn** von Locarno nach Domodossola. Auf der Fahrt bekommst du einen herrlichen Eindruck von der Landschaft der Region – mit all ihren Schluchten, Flüssen und Wasserfällen. Tickets gibt es am **Bahnhofsschalter in Locarno.** Mit dem Ticino-Ticket ist die Fahrt Locarno–Camedo–Locarno gratis, das Upgrade nach Domodossola kannst du für 15,20 CHF dazubuchen. ***Infos:*** *vigezzinacentovalli.com/de*

3 Die Seepromenade entlangschlendern

Der Lago Maggiore versprüht im Schweizer Norden einen ganz besonderen Charme, den man am besten direkt am Wasser erlebt. Während die Seepromenade entlang des Lungolago Giuseppe Motta bis zum Isolino recht unspektakulär ist, empfiehlt sich ein Spaziergang am lebhaften **Lungolago** der Nachbargemeinde **Muralto,** die kurz hinter der Schiffsanlegestelle in Richtung Osten entlang der **Viale Verbano** verläuft. Kleine Verschnaufpause gefällig? Die Sitzbänke sind ideal für einen kurzen Stopp mit Ausblick.

4 Aktiv über den See

Genug ausgeruht? Dann ab aufs Wasser! Den Lago Maggiore entdeckt man in Locarno am besten vom Wasser aus. Richtig stilecht geht das mit einem der metallenen Pèdalo-Tretboote, die man bei **Tinoleggio Barche** ausleihen kann und die kinderleicht zu fahren sind, oder mit SUPs. Alternativ werden auch Ruderboote und motorisierte Boote zum Verleih angeboten. ***Infos:*** *SUPs u. Boote ab 12 CHF/30 Min. | Lungolago di Muralto | Locarno | tinoleggiobarche.ch*

5 Den schönsten Ausblick auf den Langensee genießen

Das schönste Ausflugsziel thront über der Stadt: Das **Santuario Madonna del Sasso** in der Berggemeinde Orselina ist der beliebteste Wallfahrtsort der italienischsprachigen Schweiz und soll auf eine Marienerscheinung zurückgehen, die der Franziskanerbruder Bartolomeo d'Ivrea im Jahr 1480 hatte. Schon die Anfahrt mit der urigen Standseilbahn *(funicolare)* ist nicht nur für Kinder ein Erlebnis. Oben wartet der Prachtausblick auf Stadt, Lago und Bergkulisse. ***Infos: Funicolare:*** *April–Okt. alle 15 Min. tgl., Nov.–März alle 30 Min. tgl.*

REGENTAG – UND NUN?

6 Einfach entspannen

Zugegeben, es regnet in einer der sonnenreichsten Städte der Schweiz nicht häufig. Solltest du aber dennoch einen Regentag erwischen, kannst du in den **Termali Salini** richtig entspannen. Hier erwartet dich neben Solebädern auch eine herrliche Architektur. ***Infos:*** *tgl. 9–21.30 Uhr | Tagestickets Erwachsene 35, Kinder 7–15 19, 4–6 Jahre 11 CHF | Via G. Respini, 7 | Locarno | Tel. +41 91 786 96 96 | termali-salini.ch*

8–18 Uhr, im Sommer länger, während des Filmfestivals bis nach Mitternacht | Hin- und Rückfahrt Erwachsene 7,20, Kinder 6–16 Jahre 3,60 CHF | Viale Balli Ecke Via alla Ramogna, 2 | Locarno | funicolarelocarno.ch; ***Madonna del Sasso:*** *tgl. 7.30–18 Uhr | Eintritt frei | madonnadelsasso.org*

7 Ausflug zum Balkon über den Lago Maggiore

Der **Monte Verità** ist selbst schon ein wunderbares Ausflugsziel von Ascona aus – allein wegen des grünen Tees, der hier oben angebaut wird. Noch schöner wird es allerdings auf dem Panoramaweg vom magischen Aussteigerberg nach **Ronco sopra Ascona.** Los geht es dafür von Ascona auf dem Wanderweg durch den Wald, dann hoch bis zum Dorf Gruppaldo und von hier aus hinab über Livurcio nach Ronco. Ab Ronco folgst du den 800 Treppen bis zum See. ***Infos:*** *4,8 km Länge | ca. 1.40 Std. | ticino.ch/de/itineraries/details/144756*

8 Kulturgut betrachten

Das Museum **Casa Anatta** befindet sich in einem historischen Gebäude aus dem Jahr 1905, das erst 2017 final restauriert und wiedereröffnet wurde. Heute gehört das Museum mit wechselnden Ausstellungen zum Museumskomplex auf dem Monte Verità und ist als Kulturgut geschützt. ***Infos:*** *Mi–Sa 14–18, So 10–13 u. 14–18 Uhr | Strada Collina, 84 | Ascona | Tel. +41 91 785 40 40 | monteverita.org*

9 Mit dem Schiff auf die Isole di Brissago fahren

Hier findest du den einzigen Botanischen Garten im Kanton Tessin. Und der besteht gleich aus zwei Inseln: Der kleineren **Isola di Sant'Apollinare,** auf der eine eher spontane Vegetation vorherrscht, und der **Isola di San Pancrazio,** auf der Pflanzen aus dem subtropischen Raum gedeihen. Die Inseln bieten sich für einen Halbtagesausflug ab Ascona oder Locarno an. ***Infos:*** *Von Locarno 40–60, von Ascona 15 Min. | April–Nov. 9–17.30 Uhr | Schiffsticket 12,20 CHF | Eintritt 10 CHF | sbb.ch, isoledibrissago.ti.ch*

10 Kunst im Kubus

Der knallrote Kubus der **Ghisla Art Collection** in Locarno zeigt auf drei Etagen eine Sammlung zeitgenössischer und abstrakter Kunst. ***Infos:*** Mi–So 13.30–17 Uhr | Via Antonio Ciseri, 3 | Locarno | Tel. +41 91 751 01 52 | ghisla-art.ch

ESSEN & TRINKEN

11 Casa del Negromante

Wie wäre es mit einem Dinner in historischem Ambiente unter Weinreben? Wer in Locarno stilecht und romantisch essen gehen will, kommt am Negromante nicht vorbei. Das Restaurant hausiert im Innenhof des ältesten (und liebevoll restaurierten) Gebäudes der Stadt. ***Infos:*** *Mo–Sa 17–24 Uhr | Via Borghese, 14 | Locarno | Tel. +41 91 751 75 75 | negromante.ch | €€*

12 L'Archetto

Schon mal von *pinsa* gehört? Der pizzaähnliche, ovale Fladen kommt mit einem dicken, luftigen Teig und ohne Käse daher. Er wird aus drei Mehlsorten mit Sauerteig hergestellt, was die Pinsa bekömmlicher machen soll. Gut und günstig gibt's sie in diesem Take-Away zum Mitnehmen oder für den Verzehr auf der kleinen Bank im Innenhof. Besonders lecker: die beiden Sorten *patrizi e plebei* und *testaccio*. ***Infos:*** *Mo–Sa 11.30–14 u. 17.30–20, Sa bis 21 Uhr | Via Marcacci, 11 | Locarno | Tel. +41 765 34 04 82 | Facebook: LArchettoTakeAway| €*

13 Piazza Sant'Antonio

Wer dem regen Treiben auf der Piazza Grande entfliehen will, kann das hervorragend auf dieser schnuckeligen Piazza tun. Der Besuch der **Konditorei Marnin** *(tgl. 7–19 Uhr | Tel. +41 91 751 71 87 | marnin.ch | €)* mit wunderbaren Backwaren lässt sich hervorragend mit einem Sit-in in der **Osteria Pozzo** *(Mo–Sa 10.30–23 Uhr | Via Borghese, 19 | Locarno | Tel. +41 91 751 02 32 | €€)* mit Tessiner Spezialitäten verbinden, wo selbst die Locarneser ihren Feierabend-Vino genießen. Alternativ befindet sich direkt daneben die **Caffè Pozzo Bar,** wo man an urigen Fässern

ENTSPANNEND

Eine Bootsfahrt zu den Brissagos auf dem Lago Maggiore.

direkt auf dem Kopfsteinpflaster Platz nimmt.

Insider-Tipp

Tea Time

Auf dem Monte Verità in Ascona wächst der grüne Tee, der am besten verarbeitet in den Schokopralinen der Pasticceria Marnin schmeckt.

EINKAUFEN

14 Mercato di Ascona

Jeden Dienstag findet am Seeufer von Ascona ein herrlich bunter Markt statt. Hier findest du zahlreiche Produkte aus der Region und kannst einiges probieren – von Gemüsekuchen über Desserts bis hin zu lokalen Käse- und Wurstvarianten. ***Infos:*** *Di 10–17 Uhr | Lungolago, Piazza G. Motta | amascona.ch*

15 Amici di Bacco

Schön wie die Ladenfront ist auch die feine Auswahl an Weinen, Bieren, Destillaten und Snacks. ***Infos:*** *tgl. 9–23 Uhr | Via Francesco Ballerini, 1 | Locarno | Facebook: Amici di Bacco – Trattoria Pizzeria Enoteca*

16 Kilometro Zaro

Typisch tessinische Polenta, frische Nudeln, getrocknete Tomaten, Pesto, das lokale Ciao-Bier und Nusslikör aus Ascona *(Liquore Nocino)* gibt's in diesem exquisiten Bio-Laden. ***Infos:*** *Di–Sa 10–13 u. 14.15–17.15 Uhr | Via Cittadella, 15 | Locarno | f-diamante.ch/le-strutture/laboratori/incontro1/kilometrozaro*

AUSGEHEN & FEIERN

17 Bar Fontana

Wo der Morgen mit einem Caffè Latte und einem Gipfeli beginnt, mischt man sich auch abends unter die Locarneser. Dann begrüßt diese einfache, aber authentische Bar ihre Gäste mit ei-

DURCHATMEN

Mit Blick auf den Lago Maggiore oberhalb von Locarno einfach mal entspannen.

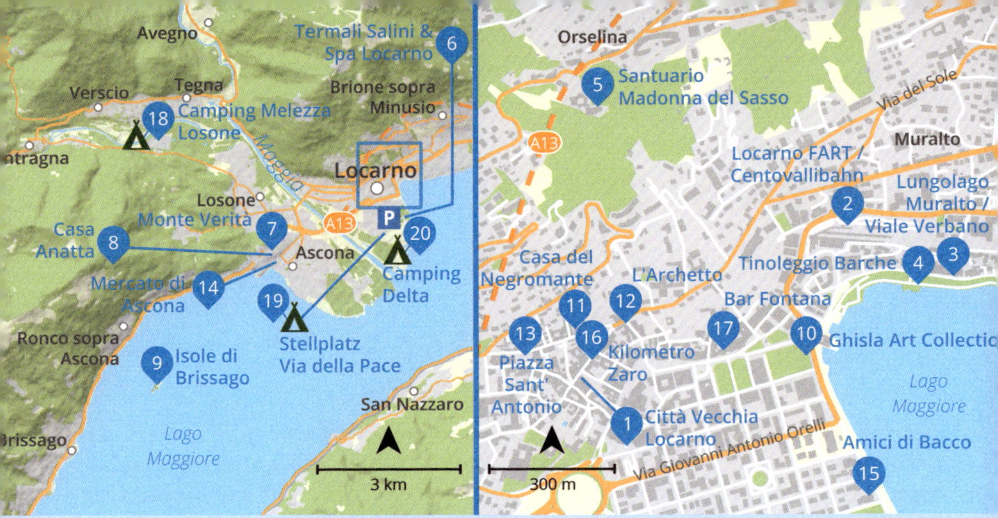

ner grünen Leuchtschrift unter einer roten Pergola. Der perfekte Ort für einen Apéro unter Einheimischen. ***Infos:*** *tgl. 6.45–19.30 Uhr | Largo Franco Zorzi 6 | Locarno | Tel. +41 91 756 49 33*

STELL- & CAMPINGPLÄTZE

18 Der Schöne am Fluss

Der Campingplatz liegt inmitten grüner Natur am Fluss Melezza, etwa 5 Kilometer von Locarno und Ascona entfernt. Praktisch: Der Bus nach Locarno fährt direkt vor der Tür ab, macht in umgekehrter Richtung aber leider ab 20 Uhr eine Station vorher Stopp, was 25 Minuten Fußmarsch bedeutet.

Insider-Tipp
Wieder gespart
Das Ticino-Ticket für den Nahverkehr gibt es kostenlos zum Aufenthalt dazu.

Camping Melezza Losone

€€€ | Via Arbigo, 88 | Losone/CH
Tel. +41 91 791 65 63 | camping-melezza.com
GPS 46.1771414, 8.729454

▶ **Größe:** *146 Stellplätze; Mietunterkünfte: Pod-Houses und Mely-Houses*
▶ **Ausstattung:** *Sanitär- und Elektroanlagen, Lebensmittelladen, Brötchenservice, Spielplatz*

19 Der Einfache in der Stadt

Der einfache Übernachtungsplatz liegt nur 10 Minuten vom Stadtzentrum entfernt. Man zahlt zwischen 5 CHF für 6 Stunden, 20 CHF für maximal 24 Stunden.

Stellplatz Via della Pace

€€ | Via della Pace 20 | Locarno/CH
GPS 46.1638853, 8.796411

▶ **Größe:** *22 Stellplätze*
▶ **Ausstattung:** *Ver- und Entsorgung*

20 Der Große

Für Italienkenner ist dieser Campingplatz sicherlich kein Geheimtipp mehr. Hier findest du alles, was das Camperherz begehrt und profitierst zudem noch von herrlichem Seeblick an der Einmündung des Maggiaflusses.

Camping Delta

€€€ | Via Gioacchino Respini, 27 | Locarno/CH
Tel. ++41 91 751 60 81 | campingdelta.com
GPS 46.1555832, 8.801109

▶ **Größe:** *250 Stellplätze*
▶ **Ausstattung:** *Supermarkt, Pizzeria, Fahrradverleih, große Sportbereiche*

Verbania
Malerische Szenen am Lago Maggiore

„Garten am See" – so wird Verbania gerne genannt. Die heute größte Stadt am Lago Maggiore entstand im Jahr 1939 durch die Zusammenführung der ehemals eigenständigen Orte Intra, Pallanza, Suna und Fondotoce. Heute überrascht sie ihre Gäste mit zahlreichen Grünflächen, einem lebendigen Markt, der wohl schönsten Parkanlage der Region und mit dem verträumten Val Grande, in das du herrliche Ausflüge unternehmen kannst.

P *Kostenlos parken in der Via Volturno direkt am Flussufer des San Bernardino und damit in Fußweite zum Wochenmarkt | GPS 45.9354893, 8.5656198.*

NATURLIEBE

Findet man im Botanischen Garten der Villa Taranto in Verbania.

AKTIVITÄTEN & SIGHTSEEING

1 Lustwandeln durch die Gärten der Villa Taranto

Die mit Abstand schönsten Gärten in Verbania sind die **Giardini Botanici di Villa Taranto,** deren Anlage in den 1930er-Jahren auf der Landzunge Punta della Castagnola der Naturliebe des Schotten Neil McEacharn zu verdanken ist. Der 16 Hektar große Botanische Garten wartet nicht nur mit verspielten Wasserbecken auf, sondern überrascht besonders im Frühling und Sommer mit 20 000 Pflanzenarten aus aller Welt. Für den Besuch solltest du mindestens eine Stunde einrechnen. ***Infos:*** *tgl. 9–16.30, im Sommer bis 18 Uhr | Eintritt Erwachsene 12,50, Kinder 6–14 Jahre 6 € | Via Vittorio Veneto, 111 | Verbania | villataranto.it* ***Parken:*** *Parkplätze im Schatten vor dem Ticket-Office, alternativ gegenüber am Wasser.*

2 Shoppen auf dem Markt

Der Stadtteil Intra lädt jeden Samstag zu einem der größten Wochenmärkte am Lago Maggiore ein, dem **Mercato di Intra.** Wenn du einen echten und farbenfrohen Einblick in das Leben am See haben willst, bist du hier genau richtig. Neben Gemüse-, Obst- und Fleischständen kannst du lokale Gewürze erstehen und Feinkost probieren. Ein besonderer kulinarischer Tipp sind *agnolotti*, die du am besten am Stand **Pasta e company** kaufst und am Abend in deiner Camperküche direkt zubereitest. ***Infos:*** *Sa 8–17 Uhr | Piazza Mercato | Intra | mercatointra.it*

3 Ein Bergdorf besuchen

Raus aus Verbania, rein in die urigen Bergdörfer der Region – genau das kann man bei einem Ausflug nach **Premeno.** Das verschlafene Dörfchen in ca. 800 Metern Höhe verzaubert mit einem angenehmen Klima und einer entspannten Atmosphäre. Für einen Kaffeestopp lohnt sich das **Caffè Duse Alimentari** mit kleiner Bäckerei und einer Bar. Am besten kommst du am Morgen, wenn sich das halbe Dorf auf einen Caffè trifft. ***Infos:*** *Mi–Sa u. Mo 7–13 u. 17.30–20, So 8–13.30 Uhr | Viale Angelo Bonomi, 10 | Premeno | caffeduse.business.site* ***Parken:*** *kostenlos parken vor der Chiesa Santa Margherita | GPS 45.9750431, 8.5910249.*

4 Mit dem Schiff zu den Borromäischen Inseln fahren

Bootsausflug gefällig? Dann ab zu den **Isole Borromee,** die sich nur einen Stein-

REGENTAG – UND NUN?

5 In die Geschichte eintauchen

Im **Museo del Paesaggio** erfährst du anhand von Bildern, Skulpturen und archäologischen Fundstücken viel Wissenswertes über die Geschichte des Gebiets um Verbania. Das 1914 von Professor Antonio Massara gegründete Museum ist über die Palazzi Dugnani, Biumi Innocenti und Casa Ceretti verteilt. ***Infos:*** *Sa 10–17, So 10–18 Uhr | Via Ruga, 44 | Verbania | museodelpaesaggio.it*

wurf von Verbania entfernt wie kleine Städte aus dem Lago Maggiore erheben. Während die größte Insel, **Isola Madre,** mit floralem Reichtum sowie frei umherlaufenden Pfauen verzaubert, lockt die **Isola Bella** mit malerischen Gärten und historischen Schlössern. Aber auch die **Isola dei Pescatori** versprüht nicht zuletzt ihren ganz eigenen Charme, da die Insel bis heute unbewohnt ist. ***Infos:*** *Abfahrt ab Lido di Carciano, Stresa u. Pallanza | 9–18 Uhr, mehrmals stdl. | Tickets ab 20 € | Fahrplanauskunft navigazionelaghi.it u.isoleborromee.it*

ESSEN & TRINKEN

6 La Casera

Das etwas versteckt liegende Restaurant ist ein noch besserer Lebensmittelladen. Aus den an einer langen Theke feilgebotenen, regionalen Lebensmitteln werden leckere Gerichte gezaubert, die man direkt vor Ort im gemütlichen Speiseraum oder aber auf der Terrasse verzehren kann. ***Infos:*** *Do–Sa 9–22 Uhr | Piazza Daniele Ranzoni, 19 | Verbania | Tel. +39 03 23 58 11 23 | formaggidieros.it/it_IT/home | €€*

Insider-Tipp
Camperküche de luxe
Das Risotto vor Ort kaufen und in deiner Womoküche selbst zubereiten.

7 Caffè Verbano

Ohne viel Pipapo: Im Caffè Verbano trifft die rustikale Einrichtung mit einfachem Holztresen auf guten Service und humane Preise. Nicht mehr, nicht weniger. ***Infos:*** *tgl. 8–24 Uhr | Piazza Vittorio Emanuele III, 21 | Cannobio | Tel. +39 03 23 73 99 59 | €*

REGIONAL

Die Lebensmittel bei La Casera werden zu leckeren Gerichten verarbeitet.

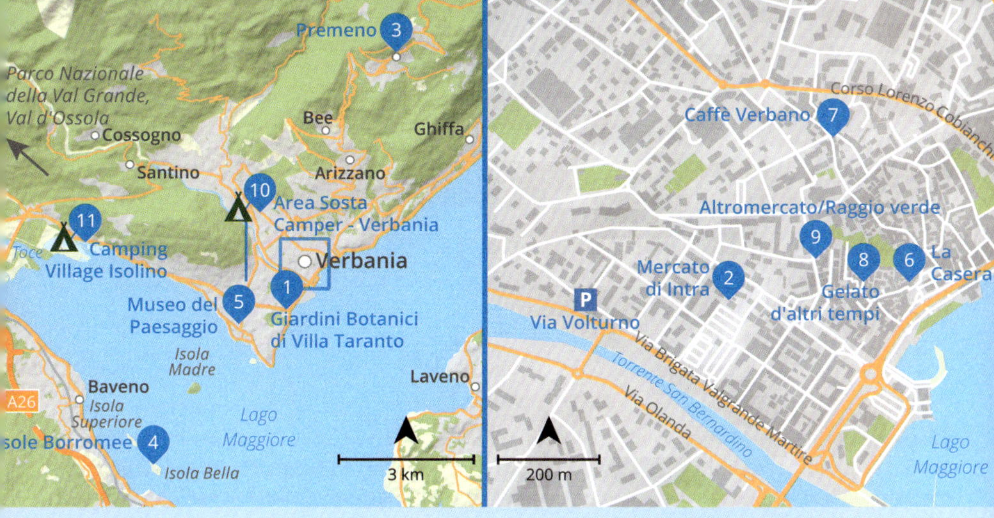

8 Gelato d'altri tempi

Eine italienische Eisdiele, wie sie im Buche steht, findest du versteckt in einer kleinen Seitenstraße von Intra. Hier gibt es das beste Eis der Stadt. Nach dem ersten Probieren wird klar, warum auch die Einheimischen mit ihren Kindern Schlange stehen. ***Infos:*** *tgl. 11–23 Uhr | Via San Fabiano, 38 | Intra | gelato-daltri-tempi.business.site | €*

EINKAUFEN

9 Altromercato/Raggio Verde

Ob Kosmetik, Kleidung, Küchenutensilien oder Wohnaccessoires: Hier stammen alle Produkte aus nachhaltiger Wirtschaft. ***Infos:*** *Di–Fr 9.30–13.30 u. 15.30–19, Sa/So bis 19.30 Uhr, Mo 15:30–19 Uhr | Corso Giuseppe Garibaldi, 36 | Intra | raggioverde.com*

STELL- & CAMPINGPLÄTZE

10 Stellplatz in der Stadt

Womoplatz direkt in der Stadt im Stadtteil Pallanza. Hier zahlst du nur 12 € pro 24 Stunden, bist in der Nähe von Supermärkten und nur circa 1 Kilometer vom See entfernt. Auch der Bus nach Intra und Co. hält in der Nähe.

Area Sosta Camper – Verbania

€ | Viale Giuseppe Azari, 97 | Pallanza
GPS 45.9309964, 8.5505487

▶ **Größe:** *38 Stellplätze*
▶ **Ausstattung:** *Außendusche, Strom, WC, Ver- u. Entsorgung*

11 Übernachten mit Seeblick

Auf diesem riesigen Zeltplatz für Campervans kannst du direkt am See übernachten. Die Stellplätze liegen alle mehr oder weniger schattig und sind mit Stromanschluss ausgestattet.

Camping Village Isolino ☼

€€€ | Via per Feriolo, 25 | Fondotoce
Tel. +39 03 23 49 60 80 | isolino.it
GPS 45.9390738, 8.4981169

▶ **Größe:** *450 Stellplätze; Mietunterkünfte: Mobilheime, Bungalows und Ferienwohnungen*
▶ **Ausstattung:** *gigantisches Erlebnisbad, direkter Strandzugang*

Lago d'Orta/Ortasee
Der kleine Bruder des Lago Maggiore

Eingebettet in die grünen Hügel des Piemont, ist der nur 18,2 Quadratkilometer große Lago d'Orta nicht nur der kleine Bruder, sondern mit den Worten des Schriftstellers Balzac auch der „stille Nachbar des Lago Maggiore". Diese Bezeichnung trifft es ganz gut. Denn im Vergleich zum großen Nachbarsee lässt sich der Ortasee noch als eine Art Geheimtipp bezeichnen: Einer, der ruhig und herrlich verträumt wirkt. Vor allem aber einer der saubersten aller oberitalienischen Seen. Bei günstiger Sonneneinstrahlung schimmert sein Wasser wie das azurblaue Meer.

P *Parkplatz Area Sosta Camper | 5 €/Std. | GPS 45.7967395, 8.4099524 | von hier aus sind es über den Rundweg nur 15 Min. bis zur Hauptpiazza von Orta San Giulio.*

KLASSISCH

Ein Bootsausflug zur Isola San Giulio von Orta San Giulio aus

AKTIVITÄTEN & SIGHTSEEING

1 Auf dem Rundweg um die Halbinsel spazieren

Die Halbinsel rund um den Hauptort **Orta San Giulio** wird vom pittoresken **Lungolago** umschlungen. Perfekt für einen ausgedehnten Spaziergang von bis zu zwei Stunden. Es geht vorbei an imposanten Villen, hohen Palmen und stattlichen Magnolien, aber auch an kleinen Badebuchten. Mit einem Mal stehst du mitten im schönen Stadtkern, wo hübsche Cafés und Restaurants zum Verweilen einladen. In der Sommerhitze sollte man den Rundgang auf die späten Nachmittagsstunden legen.

Insider-Tipp
Perfektes Timing
Wenn die Sonne hinter den Bergen verschwindet, ist es Zeit für einen ***Aperitif*** *auf der idyllischen* ***Piazza Motta.***

2 Zur Mini-Insel schippern

Der schönste Ausflug am Ortasee ist die Bootsfahrt zur klitzekleinen **Isola San Giulio.** Der Legende nach sollen einst Drachen und Schlangen alle Neugierigen ferngehalten haben, bis der griechische Gelehrte Julius die Monster im 4. Jh. besiegte – und schon stand einem Besuch nichts mehr im Weg. Ein 650 Meter langer Spazierweg umrundet das Eiland. Übrigens: Der Retter bekam im 9. Jh. natürlich seine Kirche, die Basilika San Giulio mitsamt sehenswerter Fresken und einer Krypta mit seinem Grab. ***Infos:*** Linienboote regelmäßig von der Piazza Motta in Orta San Giulio | *aktuelle Zeiten an der Ablegestelle* | *navigazionelagodorta.it* | *alternativ kannst du auch hinüberrudern*

3 Auf dem Monte Mottarone wandern

Der stattliche Hausberg des Ortasees ist der **Monte Mottarone,** der sich in östliche Richtung erhebt. Wenn du ihn nicht schon bei der Anreise (▶ S. 30) besucht hast, lohnt sich ein Ausflug zum Gipfel vor allem für Wanderungen. Denn diese bieten atemberaubende Ausblicke über den Ortasee, die oberitalienischen Seen und weit in die Ebene hinein. Am Horizont thront im Westen mit 4634 Metern die majestätische Dufourspitze, der höchste Gipfel in den Walliser Alpen – ein Panorama, das man so schnell nicht mehr vergisst. ***Infos:*** *Tageswanderung ca. 6 Std. | Strecke 20,7 km | Startpunkt Baveno | Ziel Stresa | komoot.de/highlight/284931*

📷 *Einer der besten Aussichtspunkte auf dem Monte Mottarone bietet sich bei GPS 45.879632, 8.450569.*

REGENTAG – UND NUN?

4 Designartikel shoppen

Der Name **Alessi** steht für Design par excellence. Und genau diese Designprodukte stammen aus der Fabrik von Alberto Alessi in Omegna, im Norden des Ortasees. 1921 von dessen Großvater Giovanni gegründet, gibt es heute im Ortsteil Crusinallo einen **Fabrikverkauf,** der perfekt ist für einen Ausflug am Schlechtwettertag. Mitbringsel inklusive! ***Infos:*** *tgl. 10–18 Uhr | Via Privata Alessi, 6 | Omegna | alessi.com*

5 Sich wie Franz von Assisi fühlen

Für Geschichtsinteressierte ist ein Abstecher zum 400 Meter hohen, heiligen Berg **Sacro Monte d'Orta** ein Muss. Die Wallfahrtskirche (1590–1788) gehört seit 2003 zum Weltkulturerbe der UNESCO und ist dem Heiligen Franz von Assisi geweiht. 20 Pilgerkapellen erzählen mit lebensgroßen Terrakottafiguren und Fresken von seinem bewegten Leben. ***Infos:*** *tgl. 9.30–18 Uhr | Via al Sacro Monte | Orta San Giulio | sacrimonti.org/sacro-monte-di-orta* ***Parken:*** *Parkplatz unterhalb des Eingangs | auch für Campingbusse | GPS 45.7957764, 8.4091982*

ESSEN & TRINKEN

6 Ai Due Santi

Das Lokal in einem historischen Gebäude zählt zu den besten der Altstadt. In gepflegter Atmosphäre lässt es sich hier hervorragend speisen – vor allem auf der tollen Terrasse auf der Piazza mit Blick auf den Ortasee und die Isola San Giulio. Faire Preise. ***Infos:*** *Do–Di 12–15 u. 19–22.30 Uhr | Piazza Motta, 18 | Orta San Giulio | Tel. +39 032 29 01 92 | aiduesanti.com/it/index.html*

7 Pane e Vino

Wer es eher schlicht mag, ist in dieser Enogastronomia am Hauptplatz genau richtig. Hübsche Terrasse, vernünftige Preise und frisch gebackenes Brot zum Mitnehmen. ***Infos:*** *Do–Di 10–22 Uhr | Piazza Motta, 37 | Orta San Giulio | Tel. +39 39 38 58 32 93 | panevino-orta.it*

8 Idea Dolce

Hübsches Restaurant und Café im Innenhof, fernab von allem Trubel und schön schattig. Unter den hausgemach-

WOW-EFFEKT

Wenn du auf dem Monte Mottarone übernachtest und morgens aus dem Womo steigst.

ten Gerichten ist das *risotto al funghi* für 9,50 € unschlagbar. ***Infos:*** *Mo–Do u. Sa 8–21, Fr u. So 10–22 Uhr | Via Olina, 7 | Orta San Giulio*

EINKAUFEN

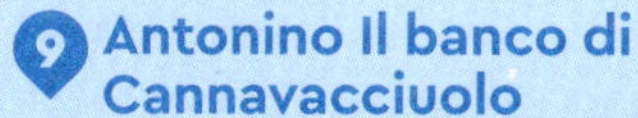

9 Antonino Il banco di Cannavacciuolo

Die Schlange vor einem Eissalon spricht für sich. So auch bei der Eisdiele von Antonino Cannavacciuolo, einem italienischen Koch und Fernsehmoderator, der zwei Michelin-Sterne schwer ist. Man kann hier auch Tomatensugo und andere Zutaten kaufen. ***Infos:*** *Sa u. So 12–18 Uhr | Piazza Motta, 7 | Orta San Giulio*

STELL- & CAMPINGPLÄTZE

10 Übernachten mit Bergblick

Wer es beim Camping gerne malerisch hat, sollte den Weg auf den Gipfel des Monte Mottarone nicht scheuen. Dort darf man auf den Stellplätzen rund um die Alpe San Guida kostenlos auch mit einem Wohnmobil übernachten. Gern ist es gesehen, wenn Übernachtbleiber das Feierabendbier oder den Morgenkaffee im Rifugio einnehmen. Außerdem gibt es an einem kleinen Foodstand frisch zubereitete Burger und Panini. Der Stellplatz selbst bietet vor allem frische Bergluft, absolute Ruhe und unvergessliche Ausblicke auf Ortasee und Dufourspitze.

Womo-Stellplatz am Monte Mottarone

€ | Via Mottarone | Omegna
GPS 45.8848625, 8.4461474

▸ **Größe:** *10 Stellplätze*

11 Übernachten mit Uferblick

Ein von der Uferstraße zweigeteilter und sehr gut gepflegter Campingplatz. Während der untere Teil einige Stellplätze direkt am See bietet, zieht er sich abseits der Straße terrassenartig den Berg hinauf.

Campeggio Orta

€€ | Via Domodossola, 28 | Loc. Bagnera, Orta San Giulio | Tel. +39 032 29 02 67 | campingorta.it
GPS 45.8018058, 8.4186018

▸ **Größe:** *104 Stellplätze; Mietunterkünfte: Maxi-Wohnwagen und Bungalows*

Varese
Die Stadt der Seen und Gärten

Schon wieder eine Stadt, die sich selbst als Gartenstadt bezeichnet? Nun gut, Varese kann sich auch mit Fug und Recht so nennen. Tatsächlich ist die Hauptstadt der Provinz Varese im Nordwesten der Lombardei nicht nur seit 1998 eine angesehene Universitätsstadt, sondern vor allem bekannt für ihren Reichtum an grünen Gärten und weitläufigen Parkanlagen. Neben einer schnuckeligen Altstadt mit traumhaften Arkaden, bestens erhaltenen Palazzi und der Haupteinkaufsstraße Corso Matteotti lockt vor allem der Lago di Varese als Camping-Place-to-Be und bietet noch ein echtes Heiligtum, das seinesgleichen sucht.

P *Parken auf dem Parcheggio ACI (oder Parcheggio Luini), GPS 45.8200162, 8.828448 | von hier aus 4 Min. bis zur Innenstadt.*

EINMALIG

Auf dem Sacro Monte di Varese verbinden sich Glaube, Kultur und Landschaft auf wunderbare Weise.

AKTIVITÄTEN & SIGHTSEEING

1 Am Lago di Varese entspannen

Der bis zu 26 Meter tiefe Haussee von Varese zählt zu den schönsten Ausflugszielen im näheren Umkreis – nicht zuletzt in den Sommern, die hier extrem heiß werden können. Er kommt mit dem Inselchen **Isolino Virginia** vor dem Westufer daher, das per Fähre zu erreichen ist. Hier befindet sich auch das archäologische Museum. ***Infos:*** *Museo Preistorico dell'Isolino| Isolino Virginia, 1 | Biandronno | museivarese.it/sedi/museo-civico-preistorico-dellisolino-virginia | Fähren ab Biandronno April–Okt. Sa u. So 10–20 Uhr stdl.*

2 Im Namen Jesu wandern

Wer einen ganz besonderen Ausflug machen will, muss hoch hinaus. Genau gesagt auf den **Sacro Monte di Varese** inmitten der bewaldeten Hänge des **Campo dei Fiori,** einer der größten und bedeutendsten Kreuzwege Italiens und selbstredend Teil des UNESCO-Weltkulturerbes. Von Varese führt der Weg über die Via Sacra mit 14 Devotionskapellen bis zum Heiligtum Santa Maria del Monte. Der 2 Kilometer lange, angenehme Spaziergang verbindet Glauben und Kultur, atemberaubende Landschaft und antike Geschichte miteinander. ***Infos:*** *Viale del Santuario | Varese | sacrimonti.org/de/sacro-monte-di-varese* ***Parken:*** *Parken ist eher schwierig. Besser nimmt man von Varese aus den Bus C ab Varese Montanari/Velate | alle 20 Min.*

3 Die Malereien in den Dörfern bewundern

Manche Dörfer rund um Varese gleichen kunstvoll gestalteten Freiluftgalerien. Hier haben sich zahlreiche Maler aus der Region mit Fresken- und Wandmalereien verewigt, die von Geschichte und Traditionen der Region erzählen. Empfehlenswert ist dafür ein Ausflug nach **Arcumeggia, Boarezzo, Marchirolo.** ***Anfahrt:*** *Boarezzo, Marchirolo und Arcumeggia (nördl. von Varese) sind über die SS712, SS233 und SS394 zu erreichen.*

4 In die wundervollen Gärten vor der Hitze fliehen

Gerade in den heißen Sommermonaten empfiehlt sich ein Abstecher in die märchenhaft schönen Garten- und Grünanlagen des **Palazzo Estense** *(tgl. 8–20 Uhr |*

REGENTAG – UND NUN?

5 Zeitgenössische Kunst lieben lernen

Schlechtes Wetter? Dann ab in die **Villa Panza** in Varese. In den letzten Jahrzehnten des 20. Jh. schuf der Kunstliebhaber Graf Giuseppe Panza di Biumo hier eine wichtige Sammlung monochromer Malerei und anderer Kunstwerke von Künstlern wie Phil Sims, David Simpson, Ruth Ann Fredenthal, Max Cole, Maria Nordman oder Lawrence Carroll auf. ***Infos:*** *Di–So 10–18 Uhr | Erwachsene 15, Kinder 4–14 Jahre 7 € | Piazza Litta 1 | Varese | fondoambiente.it*

Via Luigi Sacco, 5 | Varese) und der **Villa Mirabello** *(tgl. 8–22 Uhr | Via Fernando Lonati, 26c | Varese)*. Man flaniert durch gepflegte Parkanlagen in englischem Stil und stattet dem in dem Prachtbau aus dem 18. Jh. beheimateten **Museo Archeologico** *(Di–So 9.30–12.30 u. 14–18 Uhr | Piazza della Motta, 4 | Varese | museivarese.it)* einen Besuch ab.

ESSEN & TRINKEN

6 Sciamba Bar

Wer einen Ausflug zum Lago di Varese macht, sollte trotz der äußerst einfachen Einrichtung unbedingt in der vor allem bei den Einheimischen beliebten Bar direkt am Ufer des Lago einkehren. Auch perfekt für ein Essen am Abend in lauschiger Atmosphäre. ***Infos:*** *tgl. 9–19.30 Uhr | Via Lungolago Isola Vergina | Gavirate | Tel. +39 33 84 95 01 43 | Facebook: Sciamba Bar | €*

7 La Cafferia

Modernes Café und Rösterei samt Marmortresen, verspielten Holzelementen und toller Terrasse mit Blick auf die Basilika. ***Infos:*** *So–Fr 7–19, Sa 7–12.30 u. 15.30–19.30 Uhr | Piazza Giovine Italia, 7 | Varese | Tel. +39 03 32 28 13 20 | torrefazioneelmiguel.it | €*

Insider-Tipp
Volles Aroma

Wenn dir der Kaffee hier schmeckt, nimm ein Paket mit, um ihn beim Campen zubereiten zu können.

EINKAUFEN

8 Gastronomia del Corso

Lokale Delikatessen zum Mitnehmen gibt es hier zum Abwinken. Dazu zählen beispielsweise *insalata di riso*, perfekt zubereitete Muscheln, eingelegte Knoblauchzehen und Tomaten in Aspik *(pomodori ripieni)*. Die Gerichte aus dem

PASSIONE

40 Jahre Kaffeerösterei: Im La Cafferia verbindet sich Tradition mit Leidenschaft.

Laden kann man zum Mittagessen in den Gärten der Villa Mirabello unter schattigen Bäumen verzehren. ***Infos:*** *Di–Fr 8–13 u. 15.30–19.30, Sa 8–19.30, Mo 10–13 u. 15.30–19.30 Uhr | Corso Giacomo Matteotti, 68 | Varese | gastronomiadelcorso.it*

9 Pasticceria Maculan

Die kulinarische Besonderheit aus Varese nennt sich *Castiglione Olona's dolce del cardinale*. Den Kuchen bekommt man z. B. in dieser fabelhaften Pasticceria. ***Infos:*** *Di–Sa 7–12.30 u. 14–19.30, So 7–13 Uhr | Via Cimone, 4 | Varese | pasticceriavarese.com*

STELL- & CAMPINGPLÄTZE

10 Einfachheit mit Seeblick

Sein Nachtlager sollte man am besten gar nicht in der Stadt, sondern am am Lago di Varese quasi direkt an der Uferpromenade aufschlagen. Über eine Schranke gelangt man zu den Stellplätzen und zahlt am nächsten Morgen einfach und bequem am Automaten.

Area Sosta Camper – Gavirate

€ | Via Cavour, 51 | Gavirate
Tel. +39 03 32 74 47 07 |
GPS 45.8397076, 8.718513

- **Größe:** *20 Stellplätze*
- **Ausstattung:** *Entsorgungsstelle, aber keine Toiletten*

11 Idylle am Ortsrand

Großer, von Klosterschwestern geführter Campingplatz am südlichen, 6 Kilometer entfernten Ortsrand von Varese, der eine tolle Auswahl an größtenteils schattigen Stellplätzen in einem hübschen privaten Park bietet. Die Preise sind mit 9 € pro Stellplatz, 6 € pro Erwachsenem und 4 € pro Kind recht human.

Camping La Famiglia

€ | Via Nizza, 2 | Malnate VA
Tel. +39 03 32 42 76 96 |
ffcim.org/it/dove-siamo/malnate-va-italia
GPS 45.7949138, 8.8736005

- **Größe:** *100 Stellplätze*
- **Ausstattung:** *Entsorgungsstation, Strom, Toiletten, warme Duschen, Café und Restaurant, Waschmaschinen, Kinderspielplatz*

EXOTISCH

Der Botanische Garten der Villa Monastero in Varenna erstreckt sich mit seinen Pflanzen aus aller Welt fast zwei Kilometer am Comer See entlang.

Zwischen Villen & Mailands kleinem Bruder
Von Lugano um den Comer See nach Bergamo

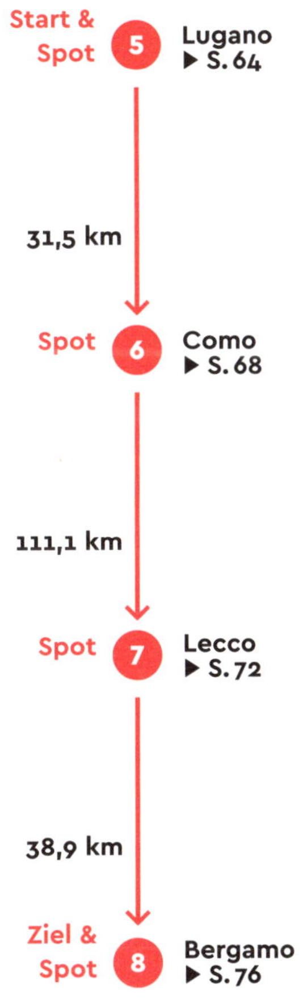

Die Gegend des Comer Sees ist eine der Superlative: Hier findest du den romantischsten und den schönsten Ort und überhaupt den allerschönsten See Italiens – jedenfalls, wenn es nach der Meinung der Einheimischen und vieler Celebrities wie beispielsweise George Clooney geht. Als Beweis empfiehlt sich eine Rundtour, auf der du immer wieder das Wohnmobil gegen die Fähre tauschen kannst. Den Anfang und den Abschluss der Tour machen zwei wundervolle Städte: Lugano in der Schweiz mit seinem markanten Bergpanorama und Bergamo in Italien mit verwinkelten Gassen und der weltbesten Polenta.

Strecke 181,5 km

Reine Fahrzeit 5 Std. 30 Min.

Streckenprofil Die Strecke führt dich meist auf gut asphaltierten Straßen entlang des Comer-See-Ufers. Ab und zu musst du mit wenig anspruchsvollen Serpentinen rechnen.

Empfohlene Dauer
7–10 Tage

Anschlusstouren
A C D

Tour B im Überblick

Tour-Highlights

Beim Villen-Spotting am Comer See z. B. die *Villa Oleandra* von George Clooney entdecken ▶ **S. 56**

In der *Osteria Enoteca Aquila d'Oro* in *Dosso del Liro* echte lombardische Bergküche genießen ▶ **S. 59**

In den steilen Gassen von *Varenna* neue Fotomotive finden ▶ **S. 61**

Granita schlürfend über die *Seepromenade in Lecco* flanieren ▶ **S. 73**

Hoch oben in *San Vigilio* den Blick über *Bergamo* genießen ▶ **S. 77**

Novate Mezzola
Lago di Mezzola
Verceia
Dosso del Liro
Domaso
Nuova Olonio
Berbenno di Valtellina
Ardenno
Dubino
Mello
San Gregorio
SS38var
Traona
Abbazia di Piana
Colico
Piantedo
Morbegno
Talamona
Musso
ianello del Lario
Lago di Como
SS340dir
Parco delle Orobie Valtellinesi
Santa Maria Rezzonico
Dervio
Premana
Bellano
SS36
Varenna
Cortenova
Italia
ezzegra
Fiumelatte
Primaluna
Villa Balbianello
Ossuccio
Introbio
Pasturo
Barzio
Piazza Brembana
Bellagio
Cremeno
Mandello del Lario
ola Comacina
Abbadia Lariana
Ballabio
San Giovanni Bianco
Corone
Serina
Asso
Lecco
Seite 72
7
San Pellegrino Terme
Valmadrera
Canzo
Civate
Pescate
Corna Imagna
Rota d'Imagna
SS470
Erba
Suello
Berbenno
Brembilla
Galbiate
Vercurago
Lago di Pusiano
Laxolo
Calolziocorte
Zogno
Villa Vergano
Capizzone
Ubiale
Selvino
Merone
Alserio
Dolzago
Monte Marenzo
Strozza
Bergamo
Seite 76
Colle Brianza
Nem
brc
Barzago
Almè
renna
Bulciago
Rovagnate
Pontida
Sorisole
Inverigo
Barzanò
8
Alzano Lombardo
Veduggio
Calco
Ambivere
Arosio
Viganò
Missaglia
Imbersago
Ponte San Pietro
Giussano
Mapello
Besana in Brianza
Merate
Seriate
ariano
omense
Curno
Osnago
Solza
Ghiaie
Carate Brianza
Rogoredo
Verderio
Treviolo
SS42
Meda
Lesmo
Usmate
Suisio
Stezzano
Bernareggio
Dalmine
A4

B Tourenverlauf

Start & Spot 5

Lugano

Die Perle am Luganer See inmitten des Schweizer Bergmassivs ▶ **S. 64**

Optionaler Anschluss: Tour A

31,5 km

Von Lugano sind es gerade einmal 40 Minuten bis nach Como, sofern es die Warteschlange am Grenzübergang zulässt. Dafür verlässt du Como in Richtung Westen über die Riva Vincenzo Vela und folgst der Riva Giocondo Albertolli und der Via Canova, bis du zur A2 gelangst. Auf der A2 geht es weiter für etwa 25 Kilometer bis zur Ausfahrt Lago di Como, die dich auf die SS340 bringt. Kurz darauf passierst du zwei Kreisverkehre, in denen du jeweils der zweiten Ausfahrt folgst, damit du schließlich auf der Via Per Cernobbio landest und direkt am Ufer des Comer Sees entlangfährst. Nun sind es nur noch 3,6 Kilometer bis zum perfekten Parkplatz an der Villa Olmo (▶ S. 68). Benvenuto in Italia!

Spot 6

Como

Stars, Sternchen und Dolce Vita ▶ **S. 68**

Optionaler Anschluss: Tour D

22,6 km

Vom Parkplatz an der Villa Olmo verlässt du die Stadt in nördlicher Richtung und folgst dabei der Via Regina direkt entlang dem Westufer des Comer Sees. Sollte dir der Weg zu eng sein, kannst du auch am ersten Kreisverkehr nach Como links auf die Schnellstraße SS340 fahren. An der Uferstraße wirst du prachtvolle Villen erkennen – einige davon historischer, wie zum Beispiel die **Villa Erba** *(Mo–Fr 9–18 Uhr | Largo Luchino Visconti, 4 | Cernobbio | villaerba.it/)*, andere eher glamouröser Natur, wie die **Villa Oleandra** des US-amerikanischen Schauspielers George Clooney in Laglio. Für einen kurzen Stopp auf dem Weg empfiehlt sich kurz vor Laglio übrigens die **Osteria 20,** in der du bei einer Antipastiplatte nach anderen Stars und Sternchen Ausschau halten kannst *(Di–Fr 19–22, Sa/So 12–14.30 u. 19–22.30 Uhr | Via Regina, 131 | Carate Urio)*. Wer noch Proviant für die Fahrt braucht, sollte einen Halt in **Argegno** einlegen und in der Pasticceria *(Piazza Roma, 14 | Argegno)* an der Ecke oder in der Bar Doge *(tgl. 6–2 Uhr | Via Milano, 12 | Argegno)* noch fix den Espresso-Haushalt auffrischen.

Hübsche Villen, der Blick auf die andere Flussseite oder der glitzernede Lago di Como? Das perfekte Urlaubsbild gibt es von einer kleinen Parktasche in Argegno aus (GPS 45.9424445, 9.1281879).

Isola Comacina

Etwa 23 Kilometer hinter Como, auf Höhe des Örtchens Ossuccio, wirst du in der Ferne schon eine kleine Insel im Lago di Como erkennen. Die Isola Comacina ist die einzige Insel des Sees und wird über eine Fähre von Sala Comacina aus mit dem Festland verbunden *(Wassertaxi 6 €/ Person| Eintritt zur Insel Erwachsene 5, Kinder 3,50 €)*. Berühmt ist die Insel vor allem für ihr Restaurant, der Locanda Dell'Isola Comacina. Hier haben schon Leonardo di Caprio, George Clooney und andere Schauspielgrößen gegessen. Leider ist das Restaurant seit einer Weile geschlossen. Die Insel lohnt sich aber dennoch für einen kurzen Besuch – allein für die wunderbare Lage der **Basilica di Sant'Eufamia.**

P *Parkplätze an der Via Statale, 1 | Ossuccio | GPS 45.9675059, 9.1717808.*

Insider-Tipp
Best view

Gerade einmal 1,5 Kilometer hinter Ossuccio findest du die Villa del Balbianello auf einem Felsvorsprung. Die märchenhafte Villa aus dem 12. Jh. ist nicht nur für Szenen aus James Bond, sondern auch aus Star Wars bekannt. Den besten Blick hast du von der Via Statale.

MÄRCHENHAFT

Traumhafte Location für Hochzeiten: die Villa del Balbianello.

EINLADEND

Die Piazza von Menaggio liegt direkt am Comer See – ideal zur Blauen Stunde.

9,4 km Die Via Statale führt weiter am Comer See entlang durch Lenno, Tremezzo, Cadenabbia und Griante bis nach Menaggio. Wer noch ein bisschen Zeit hat, kann die imposante **Villa Carlotta** aus dem 18. Jh. besuchen und sich im Museum in frühere Zeiten beamen *(tgl. 10–18 Uhr | Via Regina, 2 | Tremezzina | villacarlotta.it)*.

Menaggio

Die kleine Gemeinde Menaggio ist mit ihren 3124 Einwohnern wahrlich nicht groß. Aber das muss sie auch nicht, denn sie kann mit etwas ganz anderem auftrumpfen: dem uneingeschränkten Blick auf den Lago di Como. Du solltest Menaggio auf jeden Fall zu Fuß erkunden und dabei zum Fährhafen schlendern, von wo aus du wunderbare Urlaubsfotos schießen kannst. Wenn es zeitlich passt, plane die Stunde vor dem Sonnenuntergang dafür ein. Dann treffen sich Touristen und Einheimische an der Promenade und läuten bei einem *aperitivo* den Abend ein. Im **Il Ristorante di Paolo** am Hauptplatz kannst du dich durch die lokalen Spezialitäten probieren und herrlich frischen Fisch essen *(Mi–Mo 12–14 u. 19–22 Uhr | Largo Cavour, 5 | Menaggio | Tel. +39 034 43 21 33)*.

P *Parcheggio Comune di Menaggio | GPS 46.019841, 9.2384464.*

21,5 km Verlässt du Menaggio, fährst du automatisch auf die Strada Statale direkt am Ufer. Nach der Villa La Gaeta fährst du über die Ortschaften Acquaseria, Santa Maria Rezzonico, Calozzo, Bellera, Musso und Dongo weiter in Richtung Domaso – so lang, bis ab Gravedona ed

Unite eine kurvige Straße in die Berge führt. Achtung: Wenn du Serpentinen nicht gewohnt bist, solltest du dem Weg am Comer See entlang folgen.

Dosso del Liro

Für alle anderen folgt jetzt ein echtes Abenteuer. Die Serpentinen winden sich immer weiter bergan, nach und nach breitet sich das wunderbare Panorama des Lario aus. Hier sind die Häuser aus Stein gebaut, die Männer bewässern tagsüber ihre Felder und, ja, man grüßt sich. Oben angekommen gibt es zahlreiche Wanderwege oder aber einen wunderbaren Balkon für das perfekte Urlaubsfoto *(GPS 46.1646236, 9.2735403)*. Plane für den Ausflug nach Dosso del Liro Zeit für einen Stopp im wohl schönsten Restaurant rund um den Comer See ein – der **Osteria Enoteca Aquila d'Oro.** Hier kommen nur lokale Lebensmittel von allerfeinster Qualität auf den Tisch. Sitzen kann man entweder im Wintergarten oder an rustikalen Tischen im Innenhof. Herrlich, echt!

i *Ristorante: tgl. 12–15.30 u. 19–24, Mi ab 17.30 Uhr | Enoteca: Mi–Mo 10–15.30 u. 17.30–24 Uhr | Via Civano, 1 | Gravedona | Dosso del Liro | osteriaaquiladoro.it*

Küchenchef Bossio Plinio pflückt die Kräuter für seine Gerichte täglich frisch im eigenen Garten.

6,6 km Die Serpentinen von Dosso del Liro führen dich wieder hinunter auf die Strada Statale, der du nun weiter Richtung Domaso folgst.

Domaso

Die kleine Gemeinde Domaso zählt gerade einmal 1482 Einwohner und eine Fläche von sechs Quadratkilometern. Unter Kennern gilt das alte Fischerdörfchen aber als eines der schönsten Orte am Comer See und das liegt vor allem an der Lage: Domaso befindet sich an der Flussmündung des Livio im oberen westlichen Teil des Sees. Durch den Brevawind ist Domaso besonders unter Wassersportlern beliebt, denn hier kannst du fast täglich segeln und windsurfen. Am besten planst du dir einen Tag in Domaso ein, um den Charme des Örtchens zu erspüren. Dann kannst du durch den alten Ortskern schlendern, am Seeufer spazieren gehen und in einem der Weinkeller den raren Wein Domasino probieren, dessen jährliche Produktionsmenge auf gerade einmal 2000 Flaschen begrenzt ist. Kommst du am Morgen nach Domaso, dann solltest du unbedingt einen *caffè al banco*, also direkt am Tresen, in der **Bar Gelateria Pochintesta** trinken und dazu ein *cornetto lamposa* probieren *(tgl 6.30–12 Uhr | Piazza Ghislanzoni, 1 | Domaso)*. Hier trifft sich am Morgen der gesamte Ort zum Quatschen. Proviant für die Fahrt und für das Abendessen bekommst du im kleinen Laden **Il Negozietto** direkt daneben *(Di–Sa 7.30–12.30 u. 16–19 Uhr | Piazza Oreste Ghislanzoni, 3 | Domaso)*. Lust auf eine spontane Übernachtung? Auf dem **Camping Gardenia** *(Via Case Sparse, 164 | Domaso | Tel. +39 034 49 62 62 | campingdomaso.com | GPS 46.1508651,9.3374528)* findest du tolle Wohnmobilstellplätze direkt am Comer See. Den Adrenalinschub am Morgen bekommst du hier außerdem beim Mountainbike-und Surfbrettverleih **Surf'N Bike di Vitali Simone** *(Via Case Sparse, 150 | Domaso | surfnbike.com)*, in dem du für die anstehende Tour die allerbesten Tipps bekommst.

P *Parkplätze meist direkt an der Straße | zu empfehlen ist der Platz gegenüber der Bar Gelateria Pochintesta | GPS 46.1507541, 9.3256609.*

30 km

Im Norden des Comer Sees wird es ruhiger und weniger touristisch, eher authentisch. Über die Ponte del Passo wechselst du die Seeseite und überquerst den Fluss Adda, der den See speist. Von hier aus folgst du am besten der SP72, die parallel zur Schnellstraße SS36 verläuft. Bei Località Olgiasca biegst du scharf rechts ab. Nach etwa 2,5 Kilometern befindest du dich auf einer kleinen Halbinsel, an deren Spitze das **Kloster Abbazia di Piona** thront. In dem romanischen Kloster aus dem Jahr 1138 kannst du nicht nur zahlreiche Fresken, sondern auch einen Kreuzgang bestaunen *(Mo–Sa 9.30, So 10.45–12 Uhr u. 14.30–17 Uhr | Via Abbazia di Piona, 55 | Colico | abbaziadipiona.it)*. Danach geht es erst einmal durch ein paar Tunnel, bis du bei der Ausfahrt nach **Bellano** (*Fähren nach Varenna und Bellagio verlassen Bellano fast stündlich, navigazionelaghi.it)* den Serpentinen hinunter an den See folgst. Weiter fährst du direkt am Seeufer und durch das Örtchen **Riva di Gittana** mit seinem kleinen Lido aus Kies. Kurz nach dem Ortsausgang befindest du dich in einem echten **Panoramatunnel.** Durch die in den Fels eingeschlagenen Fenster behältst du den Lago di Como fest im Blick. Nach dem Tunnel sind es nur noch wenige Minuten bis zur Ortseinfahrt nach Varenna.

Varenna

Je näher du Varenna kommst, desto prägnanter wird der Blick auf die schönen Häuser, die sich hier in allen Formen und Farben an den grünen Berghang schmiegen. Auf einem Spaziergang kannst du den engen und vor allem steilen Gassen folgen und einen Eindruck vom bunten Dorftreiben rund um die zentrale Piazza und entlang der Uferpromenade bekommen. Varenna ist einfach schön – und vor allem herrlich romantisch. Wenn du ein bisschen mehr Zeit für deinen Stopp einplanst (und das solltest du), kannst du entweder mit der Fähre nach Menaggio oder Bellagio fahren oder dich aber auf die Wanderung zum **Castello di Vezio** wagen. Der Aufstieg klappt vom kostenlosen Parkplatz am besten und sollte innerhalb von einer Stunde zu bewältigen sein *(Eintritt 4 € | GPS 46.0102432, 9.2894521).*

Insider-Tipp

Frühaufsteher aufgepasst!

Es lohnt sich den Wecker zu stellen, denn die Wanderung hoch zum Castello ist zum Sonnenaufgang definitiv am schönsten.

Den Abend lässt du am besten bei norditalienischen Spezialitäten in der **Osteria Quatro Pass** ausklingen *(Do–Di 12–14 u. 18.30–21 Uhr | Via XX Settembre, 20 | Varenna).*

MALERISCH

Der Blick auf Varenna macht Lust auf einen Stadtbummel.

P *Parcheggio Gratuito via per Esino | einige Parkplätze ohne Schranke und Gebühr | GPS 46.014947, 9.2792771. Wenn du über Nacht bleiben möchtest, ist der einfache Wohnmobilstellplatz in* ***Mandello del Lario*** *eine gute Idee: Stellplätze im Schatten | Ver- und Entsorgungsmöglichkeiten | GPS 45.9183, 9.3157.*

Fähren nach Bellagio

In der Hauptsaison von April bis Oktober verkehren täglich mehrere Schiffe – reine Passagierfähren sowie Autofähren – im Dreieck Varenna – Mennaggio – Bellagio. Unser Tipp: Du sparst dir eine Menge Stress, wenn du das Wohnmobil am Hafen von Varenna parkst und von dort mit der Fähre fährst.

i *Die Fähren fahren im 30–40-Minutentakt, setzen in der Mittagszeit ab 12 aus und starten dann wieder ab 13.55 Uhr. Auch ab Bellagio kannst du mehrmals tgl. wieder nach Varenna fahren | dercomersee.com*

Bellagio

Bellagio selbst gilt als „Perle des Lario" und liegt herrlich idyllisch an der Spitze der beiden Comer-See-Arme. Du kannst dich auf einen mittelalterlichen Ortskern freuen, der mit farbigen Häusern, schmalen Treppen und vielen Gassen sicherlich das beste Fotomotiv liefert. Kamera also auf keinen Fall vergessen! Plane unbedingt auch einen kleinen Spaziergang entlang der Seepromenade ein, von wo aus du einen tollen Blick zum Örtchen Tremezzo auf der westlichen Uferseite hast. Beeindruckend sind auch die Gärten der **Villa Melzi.** Während die Villa aus dem Jahr 1810 nicht für die

Öffentlichkeit zugänglich ist, kannst du die Gärten für 6,50 € besuchen. Bevor es zurück auf die Fähre nach Varenna geht, solltest du noch einen Abstecher zur **Gelateria del Borgo** *(Fr–Mi 10.30–20 Uhr | Via Giuseppe Garibaldi, 46 | Bellagio)* machen, in der es das beste Eis in Bellagio gibt. Für alle Wasserratten lohnt sich ein kleiner Kajakausflug auf dem Comer See. Ein Kajak kannst du dir einfach bei **Bellagio Water Sports** leihen *(tgl. 8.30–16 Uhr | Via Ercole Sfondrati, 1 | Bellagio | bellagiowatersports.com)*.

21 km Der letzte Abschnitt entlang des Lago di Como führt dich von Varenna nach Lecco und damit bis an die südlichste Spitze des östlichen Seeufers. Einen tollen **Picknick- und Parkplatz** auf dem Weg findest du gegenüber vom Panificio e Alimentari kurz vor Fiumelatte *(GPS 45.9996643, 9.2916816)*. Hier kannst du ganz einfach parken, es dir auf den Bänken gemütlich machen und vor allem den letzten Blick auf Bellagio und Varenna genießen. Übrigens: Wer ab hier lieber keine Kurven mehr fahren möchte, erreicht Lecco auch schnell über die SS36.

Spot 7

Lecco

An der schönsten Flaniermeile der Lombardei ▶ **S. 72**

38,9 km Lecco verlässt du am besten in südlicher Richtung. Dafür folgst du der SS639, die dich zunächst entlang des Lago di Garlate bringt, bevor es durch das Örtchen Calolziocorte weiter in Richtung Schnellstraße geht. Zugegeben, die Strecke ist landschaftlich sicherlich nicht die schönste der Lombardei, führt dich aber in gerade einmal einer knappen Stunde vom Lago di Como bis ins schöne Bergamo, das du am besten über die SS342 erreichst. Sobald du Bergamo am Kreuz Val Brembana erreichst hast, hältst du dich links und fährst weiter auf der SS671. Folge dieser bis zum ersten Kreisverkehr und fahre dann auf die Via Corpo Italiano di Liberazione. Weiter geht es auf die VIa XXIV Maggio, Galleria Conco d'Oro und V.le V. Emanuele II bis zum perfekten Parkplatz für deinen Stopp in Bergamo *(GPS 45.7030, 9.6706)*.

Ziel & Spot 8

Bergamo

Verwinkelte Gassen, alte Stadtmauern und ein toller Ausblick ▶ **S. 76**

Optionaler Anschluss: Tour C, Tour D 

Lugano

Die Perle am Luganer See inmitten des Schweizer Bergmassivs

Palmen in den Bergen? Klar! Die gibt es in Lugano, der größten und mit über 2000 Sonnenstunden im Jahr sehr sonnigen Stadt im Schweizer Kanton Tessin, die sich traumhaft in eine Bucht am nordwestlichen Ufer des Lago di Lugano kuschelt. Seepanorama trifft hier auf Bergmassiv – und auf das drittgrößte Finanzzentrum der Schweiz. Als Camper hast du nicht nur den perfekten Stellplatz, um die Stadt zu Fuß zu erkunden, sondern auch jede Menge Möglichkeiten, um dich zwischen den ganzen kulinarischen Highlights aktiv zu verausgaben – auf dem Monte Bré, dem Monte San Salvatore oder mit dem Tretboot auf dem Luganer See.

P *Am besten in der Area Sosta Camper, wo du auch über Nacht bleiben kannst | Bezahlung per Automat: 24 Std. kosten maximal 20 CHF | GPS 46.0004067, 8.9447384.*

UNWAHRSCHEINLICH

Dass hier ein Schweizer Finanzzentrum um die Ecke liegt, lässt sich beim Abstieg vom Monte San Salvatore nach Lugano nicht vermuten.

AKTIVITÄTEN & SIGHTSEEING

1 Den schönsten Blick genießen

Sagenhafte 925 Meter erhebt sich der **Monte Brè** über Lugano und bietet dir so das allerschönste Panorama über die Stadt und den See. Den Gipfel erreichst du über eine Standseilbahn, die hier schon seit 1912 in Betrieb ist. In luftiger Höhe kannst du es dir auf einer der beiden Restaurantterrassen gemütlich machen oder eine der zahlreichen Wandermöglichkeiten nutzen. ***Infos:*** *Rundfahrt Casarate – Suvigliana – Monte Brè Erwachsene 25, Kinder 6–16 Jahren 12,50 CHF | mit der Lugano City Card 30 % Rabatt | alle Abfahrtszeiten und Stationen unter montebre.ch/tariffe-orari*

2 Durch den Olivenhain ins Fischerdorf wandern

Auf dem **Sentiero dell'Olivo** lernst du die Landschaft rund um den Luganer See noch einmal von einer ganz anderen Seite kennen. Los geht es am **alten Gemeindehaus in Castagnola** *(GPS 46.00108, 8.97793)*. Folge ab hier den Schildern mit dem Olivenlogo und halte immer wieder an einer der 18 Informationstafeln, die dir informative Fakten rund um den Olivenanbau mit auf den Weg geben. Ziel der etwa einstündigen Wanderung ist das romantisch-verwinkelte, kleine Fischerdorf **Gandria,** das erst seit 2004 offiziell zu Lugano gehört. Zurück kommst du am besten mit dem Bus C12 ab Gandria bis Lugano Cassarate/Busterminal.

Insider-Tipp

En passant

Auf dem Weg passierst du Bäume, die teilweise schon mehr als 100 Jahre alt sind.

3 Den Schweizer Zuckerhut erklimmen

Der **Monte San Salvatore** wird von den Einheimischen aufgrund seiner Ähnlichkeit zum brasilianischen Pendant auch Tessiner Zuckerhut genannt. Erleben kannst du den 900 Meter hohen Berg, indem du die Standseilbahn vom Vorort Paradiso nimmst. Innerhalb von 12 Minuten stehst du auf dem Gipfel und bekommst ein wunderbares 360°-Panorama über Lugano. Wenn du willst, kannst du vom Gipfel in einer guten Stunde zurückspazieren. ***Infos:*** *Funicolare | Mitte März–Okt. tgl. 9–17 bzw. 18, Dez.–März tgl. 10–17 Uhr | Erwachsene*

REGENTAG – UND NUN?

4 Wahr gewordene Schokoladenträume

Solltest du doch mal einen Regentag in Lugano erwischen, kannst du ihn dir im **Museum & Chocolate Experience Alprose** versüßen. Hier bekommst du einen Überblick über die Geschichte der Schokolade in der Schweiz, wie sie hergestellt und verpackt wird und hast eine Menge Möglichkeiten zum Probieren. ***Infos:*** *tgl. 9–17 Uhr | Eintritt Erwachsene 5, Kinder 7–16 Jahre 2 CHF | Mo–Sa 9–17.30 Uhr | Via Rompada, 36 | Caslano | alprose.ch*

23 CHF | Via delle Scuole, 7 | Paradiso | montesansalvatore.ch

5 Über den Luganer See schippern

Schon mal was von einem Pèdalo gehört? Mit dem Schweizer Tretboot schipperst du an einem der vielen Sonnentage ganz entspannt über den See und kannst, wenn du dich traust, sogar in das kühle Nass springen. Keine Lust auf Bewegung? Dann miete dir ein Motorboot, ganz ohne Bootsführerschein. ***Infos: Boatcenter Lugano** | Pèdalo 10–15 CHF/Std., Motorboot 60 CHF/Std. | Piazza Luini | Lugano | Tel. +41 91 923 57 33 | boatcenterlugano.com*

ESSEN & TRINKEN

6 La Lanchetta

In dieser Lounge Bar sitzt du direkt am See und genießt das Panorama, am besten schon auf einen Aperò mit ein paar Snacks. Danach gibt's eine der vielen Pinsasorten, deren Teig aus drei Mehlsorten besteht und länger ruhen darf. ***Infos:** tgl. 8.30–1 Uhr | Viale Castagnola, 16 | Lugano | lanchettalounge.ch/it/home | €€*

7 GianGusto

Hier wird das Fladenbrot, die *piadina*, mit sämtlichen Zutaten nach Wahl gefüllt und kann entweder direkt vor Ort oder auf einer der Bänke am See gegessen werden. Toller Snack für zwischendurch oder das passende Essen für einen der vielen warmen Sommerabende. ***Infos:** tgl. 11–23 Uhr | Riva Giocondo Albertolli 5 | Lugano/CH | giangusto.ch | €*

8 Grand Café al Porto

Mit Abstand die edelste Adresse für einen Kaffee in Lugano. Im Klosterambiente werden schon seit 1803 allerfeinste Törtchen, Pralinen und Kuchen serviert.

TOPQUALITÄT

Seit über 80 Jahren verwöhnt die Salumneria Gabbani ihre Kunden.

Egal, ob du drinnen oder draußen auf der Terrasse sitzt, wirf unbedingt einen Blick in den ehemaligen Abendmahlsaal des Klosters mit Wandfresken und sogar der originalen Holzdecke aus dem 16. Jh. ***Infos:*** *Di–Sa 8–18.30 Uhr | Via Pessina 3 | Lugano | grand-cafe-lugano.ch | €€€*

EINKAUFEN

9 Salumeria Gabbani

Diese Salumeria bietet seit 1937 nur das Allerbeste aus der Luganer Küche. Unser Tipp: Probiere hier den berühmten Brotkuchen *torta di pane*. ***Infos:*** *Mo–Sa 8.15–18.30 Uhr | Via Pessina 12, Piazza Cioccaro 1 | Lugano/CH | gabbani.com/e-shop*

STELL- & CAMPINGPLÄTZE

10 Einfach und praktisch

Der Stellplatz mit simpler Betonfläche liegt oberhalb von Lugano direkt neben einem Park. Dank der direkten Anbindung zum Bus bist du in wenigen Minuten in der Innenstadt. Bezahlen kannst du den Stellplatz über einen Automaten, der aber nur Münzen akzeptiert. Ver- und Entsorgung sowie Strom sind kostenlos, keine Duschen oder WCs.

Area Sosta Camper – Lugano

€ | Via Tassino | Lugano/CH
Tel. +41 588 66 71 46 |
lugano.ch/vivere-lugano/muoversi-lugano/posteggi/area-camper.html
GPS 46.0004067, 8.9447384

▶ **Größe:** *ca. 15 Stellplätze*

11 Schattiges Plätzchen am See

Auf dem gut ausgestatteten Campingplatz stehst du auf einem ebenen Wiesengelände schattig unter Bäumen und kannst sogar von der Liegewiese direkt in den See hüpfen.

TCS Camping Lugano-Muzzano

€€€ | Via alla Foce 14 | Muzzano/CH
Tel. +41 91 994 77 88 | tcs-camping.ch
GPS 45.99533, 8.90843

▶ **Größe:** *230 Stellplätze, 16 Mietunterkünfte*
▶ **Ausstattung:** *Outdoor-Schwimmbad, Kinderplanschbecken und Gemeinschaftsgrillstelle*

Spot 6

Como
Stars, Sternchen und Dolce Vita

Wer an den Comer See denkt, hat George Clooney im Kopf und all den anderen Jetset, der sich seine eigene Traumvilla am Ufer leisten kann. Doch allein die namensgebende Stadt Como hat so viel mehr zu bieten. Hier kannst du dich auf einen tollen Spaziergang entlang des Seeufers freuen, auf wunderbar frisches Eis und auf Gassen, in denen man sich immer wieder verlieren könnte. Vor allem aber ist Como ein toller Ausgangspunkt für einen Roadtrip einmal um den See herum.

P *Perfekter Parkplatz an der Villa Olmo | ganztägig für 3 € | GPS 45.8192375, 9.0643816 | mit den Bussen Nr. 1 und 11 bist du schnell in der Innenstadt | alternativ kannst du von hier gemütlich am See entlang in die Stadt schlendern.*

KÄFFCHEN?

Sightseeingpause im Zeichen des Doms von Como.

AKTIVITÄTEN & SIGHTSEEING

1 Einmal hoch hinaus, bitte

Während viele Besucher von Como direkt ins Wasserflugzeug steigen, kannst du die hübsche Stadt am See aus einem ganz anderen Winkel bewundern – nämlich von **Brunate** aus an der östlichen Seite des Seeufers. Mit der Seilbahn geht es bei einer Steigung von 55 Prozent innerhalb von 6,5 Minuten steil bergauf. So bist du innerhalb weniger Minuten vom Seeufer mitten in den Voralpen gelandet. Übrigens: Die Seilbahn ist seit dem 19. Jh. in Betrieb. Verrückt, oder? ***Infos:*** *tgl. 6–23 Uhr | Tickets ab 3,10 € | Piazza Alcide de Gasperi, 4 | funicolarecomo.it*

2 Wandern in 600 Meter Höhe

Wenn du mit der Seilbahn bereits von Como nach Brunate gefahren bist, dann solltest du unbedingt ein bisschen Zeit zum Wandern einplanen. Besonders empfehlenswert sind Wanderungen im Dreieck des Lario – also zwischen dem Seebecken von Como, Lecco und Bellagio. Eine Tageswanderung führt dich zum Beispiel zum **Monte Boletto,** von wo aus du dann den Rückweg über Torno antreten und von dort das Schiff zurück nach Como nehmen kannst. ***Infos:*** *Wanderungen in dem Gebiet z. B. auf Komoot: komoot.de/highlight/918457*

3 Das Seepanorama genießen

Was wäre ein Besuch an einem See ohne eine ausgiebige Schifffahrt? Die solltest du in Como unbedingt einplanen. Vom Wasser aus lassen sich Como und die kleinen Fischerorte mit ihren malerischen Häusern und den Bergen im Hintergrund aus anderer Perspektive entdecken. Es gibt verschiedene Schiffsrouten, die die einzelnen Orte miteinander verbinden. Dabei hast du die Wahl zwischen dem Servizio Rapido, dem Schnellboot, und dem regulären Boot. ***Infos: Navigazione Lago di Como Ticket Office*** *| Hop-on-Hop-off-Ticket 25 € für einen ganzen Tag auf dem See | Via per Cernobbio, 18 | Como | navigazionelaghi.it*

4 Sightseeing vom Ufer aus

Como kannst du perfekt zu Fuß erkunden. Dafür startest du einfach an der Villa Olmo und folgst dem Uferweg, der **Passeggiata Lino Gelpi.** Auf dem Weg kommst du an bekannten Sehenswürdigkeiten wie dem Monumento ai Marinai d'Italia und der Villa Saporiti vorbei,

REGENTAG – UND NUN?

5 Ein Traum aus Seide

Wusstest du, dass die Produktion von Seide früher eine der wichtigsten Einnahmequellen von Como war? Mehr über die Geschichte der Seidenspinnerei, über Seidenraupen und über das Spinnen des dünnen Fadens erfährst du im **Museo Didattico della Seta.** ***Infos:*** *Di–Fr 10–13 u. 14–18, Sa 10–13 Uhr | Eintritt Erwachsene 7 € | Via Castelnuovo, 9 | Como | museosetacomo.com*

bevor du schon fast in der Innenstadt bist und nicht nur das Monumento ai Caduti besuchen, sondern auch beim Tempio Voltiano vorbeischauen solltest. Wenn du nun weiter in die Innenstadt spazierst, kannst du noch den Dom und die Basilika San Fedele besuchen.

ESSEN & TRINKEN

6 Bistrot Muralto

Die zierliche weiße Pergola verrät noch nichts über dieses kleine, aber feine Bistro im mittelalterlichen Viertel Cortesella von Como. Setz dich an einen der Tische vor dem Restaurant und probier dich durch die lokalen Spezialitäten nach traditionellen Rezepten und mit regionalen Zutaten. ***Infos:*** *Di–Sa 11–15 u. 18–23, So/Mo 18–23 Uhr | Via Francesco Muralto, 14 | Como | bistrotmuralto.it |* €€

Insider-Tipp
Besonders fein
Ans Herz legen wir euch die lasagnetta *oder das frische Rindertartar.*

7 Riva Café

Pizza ohne Ende. Das wäre der absolut passendste Slogan für diese Location, die unweit des Lungolago liegt und dich entweder auf der Terrasse oder im gemütlichen Innenraum begrüßt. Noch Platz für einen zweiten Gang? Dann solltest du zumindest die *tiramisù* probieren – es lohnt sich! ***Infos:*** *Di–So 12–14.30 u. 19–0 Uhr | Via Fratelli Cairoli, 10 | Como | rivacafecomo.com |* €€

8 Arte Dolce Lyceum

Lust auf etwas Süßes? Diese Pasticceria Cremeria ist die beste Adresse für Kuchen, Törtchen und Leckereien aller Art. Auf der Terrasse kannst du dem bun-

ERHOLSAM

Ein Ausflug in die Bergwelt rund um Como.

ten Treiben im historischen Altstadtkern beiwohnen oder dich drinnen vom Duft der Süßspeisen verführen lassen. ***Infos:*** *tgl. 7.30–22 Uhr | Via Cesare Cantù, 36 | Como | artedolcelyceum.it | €*

9 Gelab Gelateria

Super natürlich und super echt! So könnte man das Eis der Gelateria beschreiben. Vor dem Laden bildet sich zu fast jeder Tageszeit eine Schlange, in der es sich zu warten lohnt. Die unzähligen Eissorten sind frei von chemischen Zusatzstoffen und schmecken so natürlich, als hätte jemand frisch eine Zitrone ausgepresst oder eine Pistazie zerrieben. ***Infos:*** *tgl. 11–23 Uhr | Via Cinque Giornate, 40 | Como | €*

STELL- & CAMPINGPLÄTZE

10 Der Praktische

Der einfache Stellplatz liegt nördlich von Como kurz vor Cernobbio am Ende eines Wohngebiets. Bezahlt wird mit Münzen oder Scheinen am Parkautomat und genialerweise sind es gerade einmal 200 Meter bis zum nächsten Supermarkt. Eine Nacht kostet 12 €, WC oder Dusche gibt es allerdings nicht.

Area Sosta Camper – Tavernola

€ | Via Brennero 7 | Como | csusrl.it
GPS 45.8350, 9.0607

- **Größe:** *10 Stellplätze*
- **Ausstattung:** *Strom-, Ver- und Entsorgung*

11 Der Familiäre

Dieser freundliche Campingplatz liegt im Örtchen Montorfano und ist nur 15 Minuten von Como entfernt. Hier wirst du in echt italienischer und vor allem familiärer Atmosphäre begrüßt und kannst dich sogar im Schwimmbad vor Ort erfrischen.

Camping Montorfano Como

€€ | Via Per Alzate, 30 | Montorfano
Tel. +39 031 20 03 05 |
campingmontorfano.it
GPS 45.7803, 9.1588

- **Größe:** *20 Stellplätze; Mietunterkünfte: 2*
- **Ausstattung:** *Beachvolleyball, 2 Swimmingpools, Pizzeria*

Lecco
An der schönsten Flaniermeile der Lombardei

Ein Panorama wie aus einem Italien-Bildband: Die in der Sonne schillernde Oberfläche des Comer Sees und das malerische Bergpanorama bilden eine wunderbare Kulisse für die 50 000-Einwohner-Stadt Lecco. Hier kannst du an lauen Sommerabenden schöne Sonnenuntergänge genießen, durch die Altstadt schlendern oder entlang der Uferpromenade beim Blick auf den Comer See die Zeit vergessen. Lecco mio!

P *Via Giovanni Amendola, 35 | überwachter Parkplatz mit ausreichend Platz auch für große Wohnmobile | 1 €/Std. | GPS 45.8505925, 9.396432.*

TUTTO COMPLETTO

Seepanorama, Stadthistorie, Bergkulisse – das ist Lecco.

AKTIVITÄTEN & SIGHTSEEING

1 Am Comer See spazieren gehen

Lecco ist bekannt als die Stadt in der Lombardei, die wohl die schönste Uferpromenade besitzt. Hier kannst du knapp zwei Kilometer am **Lungolario** entlangschlendern und dabei nicht nur das Seepanorama genießen, sondern auch das malerische Örtchen Pare' auf der anderen Uferseite fest im Blick behalten. Schöner geht's fast nicht. Am besten startest du dafür am **Monumento ai Caduti** (*GPS 45.8533223, 9.3875062*).

2 Auf dem Balkon von Lecco thronen

Ziemlich genau im Rücken von Lecco findest du ein echtes Naturparadies, das vor allem die Kletter- und Wanderherzen höher schlagen lässt: das Hochplateau **Piani d'Erna.** Dafür steigst du ganz einfach in die Seilbahn Funivia Piani d'Erna, die dich in nur wenigen Minuten zum Panoramapunkt bringt. Oben gibt es einen Lehrpfad mit 20 Stationen und allerlei Wissenswertem über die Berge und die Flora der Lombardei. ***Infos:*** *Funivia Piani d'Erna: im Sommer tgl. 8.30–12.30 u. 13.30–18 Uhr, So ohne Mittagspause | Via Prealpi, 34 | Lecco | pianidibobbio.com* ***Parken:*** *kostenpflichtig gegenüber der Seilbahn*

Insider-Tipp

Nervenkitzel gefällig

Der Parco Avventura auf den Piani d'Erna bietet mit seinen zum teil sehr steilen Rutschen Spaß für Jung und Alt.

3 Auf den Hausberg klettern

Noch mehr Lust auf Berge? Dann wartet der **Monte Resegnone,** der 1875 Meter hohe Hausberg, mit zahlreichen Wanderwegen und Klettersteigen auf dich. Am besten erreichst du den Berg direkt vom Hochplateau **Piani d'Erna** aus, denn so hast du die ersten 1000 Höhenmeter schon überwunden. Von hier aus startet ein Rundweg zum Monte Resegnone und wieder zurück, bei dem du jeweils ca. 600 Höhenmeter überwinden musst. Der Weg ist dank des dichten Waldes auch im Sommer super geschützt und wird dich spätestens am Gipfel mit dem besten Panorama über den Comer See umhauen.

4 Im Kloster zur Ruhe kommen

Unweit von Lecco entfernt liegt der romanische Klosterkomplex **Abbazia di San Pietro al Monte** herrlich idyllisch im

REGENTAG – UND NUN?

5 In die Sterne schauen

Seit 2005 empfängt das **Planetario di Lecco** bereits Naturwissenschaft- und Astronomie-Interessierte. Im Planetarium kann man bis zu 3200 Sterne beobachten, die Milchstraße sowie den Sonnenaufgang und -untergang. Auf der Website findest du Informationen über aktuelle Veranstaltungen. ***Infos:*** *Mo–Fr 9–13, Sa 15–18, So 16–18 Uhr | Corso Matteotti, 32 | Lecco | deepspace.it*

Valle dell'Oro, dem Goldtal und im Norden des Lago di Annone. Das Kloster erreichst du über einen etwa einstündigen Wanderweg ab dem kleinen Dorf **Civate.** Oben angekommen, kannst du dich auf einen wunderbaren Blick über den Comer See freuen. ***Infos:*** *Besuch der Basilika unter info@amicidisan pietro.it oder Tel. +39 34 63 06 65 90 sieben Tage vorher buchen | tgl. außer Mo | amicidisanpietro.it* ***Parken:*** *kostenloser Parkplatz am Seeufer von Civate | GPS 45.8239, 9.3438*

ESSEN & TRINKEN

6 Il Bar in Piazzetta

Das hübsche Restaurant, das sich gut getarnt in einem Innenhof versteckt, verwandelt sich abends in eine Bar. Mittags kannst du richtig lecker und vor allem sehr günstig essen. Ein Menü gibt es schon ab 13 €. ***Infos:*** *tgl. 7–20.30 Uhr | Via Roma, 41 | Lecco | Tel. +39 33 57 63 25 71 | Facebook: Il Bar in Piazzetta | €*

7 Caffè Unione

Das Caffè Unione liegt zentral an der Piazza Garibaldi und wirkt, als wäre es den 1920er-Jahren entsprungen. Auf der Terrassen-Plastikbestuhlung treffen sich die Touristen, drinnen, am urigen Tresen, tauschen sich die Einheimischen über die Neuigkeiten aus Lecco aus. Beides lohnt sich! ***Infos:*** *tgl. 7.30–20 Uhr | Piazza Giuseppe Garibaldi, 1 | Lecco | €€*

ÜBERBLICK BEHALTEN

Auf Wanderungen in den Bergen um Lecco hast du den Lario fest im Blick.

8 Bar Baldo 1825

Das kleine, urige Café ist eigentlich ein Tabakshop, aber in der ganzen Stadt als die Adresse für den besten Espresso bekannt. Und ja, das stimmt. Den trinkt man am besten hier am Tresen oder auf den Hochstühlen vor dem Laden. ***Infos:*** *Di–Sa 7–20.30, So 8–13 u. 16.30–18.30, Mo 7–20.30 Uhr | Via Roma, 25 | Lecco*

EINKAUFEN

9 Mercato di Lecco

Was lange besteht, kann ja nur gut sein. Das gilt auf jeden Fall für den Markt in Lecco, der bereits seit 1149 in der Via Giovanni Amendola stattfindet. Die perfekte Adresse, um noch ein wenig frisches Obst und Gemüse für das Abendessen einzukaufen. ***Infos:*** *Mi 8–14, Sa bis 17.30 Uhr.*

STELL- & CAMPINGPLÄTZE

10 Das Seeidyll

Der Campingplatz liegt direkt am Comer See und bietet dir dank vieler Bäume eine Menge Schatten. Hier kannst du sogar im Uferbereich stehen und am Kiesstrand oder auf der Liegewiese entspannen.

Campeggio Rivabella

€ | Via alla Spiaggia | Lecco
Tel. +39 03 41 42 11 43 |
rivabellalecco.it
GPS 45.8219483, 9.4144889

▶ **Größe:** *80 Stellplätze; Mietunterkünfte: Glamping-Zelte*
▶ **Ausstattung:** *Spielplatz, Rampe für Boote, Bar*

11 Der Pragmatische

Der Stellplatz liegt in Olginate und damit ca. 10 Minuten vom Zentrum in Lecco entfernt. Der Platz ist einfach und zweckmäßig mit Betonboden. Für eine Nacht bezahlst du hier 10 € inklusive Strom und Wasser, Toiletten gibt es leider keine.

Area Sosta Camper – Lecco

€ | Via don Giovanni Minzoni 6 |
Olginate/Lecco
GPS 45.7951, 9.4158

▶ **Größe:** *ca. 42 Stellplätze*
▶ **Ausstattung:** *direkter Zugang zum See*

Bergamo

Verwinkelte Gassen, alte Stadtmauern und ein toller Ausblick

Ist die ewige kleine Schwester Mailands wirklich vor allem durch die günstigen Flugverbindungen bekannt? Mitnichten! Bergamo – die Verkannte – bietet dir kopfsteingepflasterte Gassen, herrliche Ausblicke und eine endlos lange Stadtmauer für den Spaziergang zum Sonnenuntergang. Bergamo ist idyllisch, verträumt und gespickt mit so vielen Highlights, dass man hier locker ein ganzes Wochenende verbringen kann.

P *In Höhe der Stadtmauer in der Viale delle Mura, 1 | 1,80 €/Std. für 4 Std., 24-Stunden-Ticket für 18 € | du erreichst die Altstadt zu Fuß in wenigen Minuten | GPS 45.7030, 9.6706.*

KLEINOD

Die Città Alta von Bergamo lockt mit unzähligen Sehenswürdigkeiten.

AKTIVITÄTEN & SIGHTSEEING

1 Einen venezianischen Spaziergang machen

Sagenhafte 6 Kilometer ist die **Stadtmauer von Bergamo** lang. Grund genug, um das Bauwerk aus dem Jahre 1588 bei einem Spaziergang unter die Lupe zu nehmen. Der Bau der Mauer begann übrigens 1561, als dieses Gebiet noch unter der Herrschaft der Republik Venedig stand. Am besten eignet sich dafür die Stunde vor dem Sonnenuntergang, wenn ein orangefarbener Schleier über Bergamo liegt. ***Infos:*** *Startpunkt:* ***Porta Sant'Alessandro*** *am Orto Botanico | GPS 45.7065914, 9.6495634*

Insider-Tipp
Wie die Locals

Kenner schnappen sich eine Flasche Wein und Snacks und verlegen den aperitivo *auf die Mauer.*

2 Hoch hinaus fahren

Bergamo hat nicht nur eine **Standseilbahn**, sondern direkt zwei. Während dich die eine von der Neustadt innerhalb von zwei Minuten in die Altstadt (Oberstadt) katapultiert *(Viale Vittorio Emanuele II, 62 | 1,30 €)*, fährst du mit der anderen von der Altstadt noch höher in den Ortsteil **San Vigilio.** Dafür folgst du der Hauptstraße zur Piazza Vecchia, spazierst vorbei an der Zitadelle und durch das Stadttor Sant'Alessandro zum Colle Aperto, wo die Standseilbahn startet. Plane auf jeden Fall ein wenig Zeit ein, denn oben kannst du nicht nur die Befestigungsanlage des **Castello San Vigilio** *(im Sommer tgl. 7–21, im Winter 8–17 Uhr | Eintritt frei | Via al Castello, 1)* bestaunen, sondern bei guter Sicht auch über die Po-Ebene bis zum Voralpengürtel blicken.

3 Über die Piazza spazieren

Sightseeing war nie einfacher, denn in Bergamo befinden sich die Highlights allesamt in unmittelbarer Nähe und dabei vor allem rund um die **Piazza Vecchia.** Am besten startest du hier am **Contarinibrunnen,** bevor du den Lift zum **Torre Civica** nimmst. Weiter geht es zum **Palazzo della Ragione,** dem Justizpalast, und dem **Palazzo Nuovo.** Kurz dahinter folgt die **Piazza Duomo** mit dem weißen Dom und der Basilica di Santa Maria Maggiore. Kleiner Tipp: Als Belohnung laden die Terrassen der zahlreichen Bars mit erfrischenden Getränken und leckeren Snacks zur Rast ein. Am besten wartest du hier bis 22 Uhr, wenn die Glocken des Glockenturms an der Piazza Vecchia 100 Mal läu-

REGENTAG – UND NUN?

4 Den Kochlöffel schwingen

Gibt es etwas Schöneres, als in italienischem Ambiente das Kochen zu lernen? In Bergamo weiht dich **Michele's Kitchen** liebevoll in die Geheimnisse der italienischen Kochkunst ein und du lernst, wie man *risotto, polenta* oder *tiramisù alla Michele* zubereitet. ***Infos:*** *ab 100 € | Via Giuseppe Rillosi, 7 | Bergamo | micheleskitchen.info*

ten. Diese Tradition wird bis heute aufrechterhalten und signalisierte damals das Schließen der Stadttore.

5 Deinen Adrenalinlevel auf dem Mountainbike steigern

Bergamo ist umgeben von zahlreichen Mountainbikestrecken, die sich durch die Täler Seriana, Brembana und Imagna schlängeln und dich entlang des Flusses Adda führen. Ein toller Trail startet zum Beispiel am **Parcheggio Brivio lungo Adda** *(GPS 45.743973, 9.451941)* und verläuft der Adda folgend bis nach Trezzo. ***Infos:*** *Strecke 14,3 km | Dauer: ca. 1 Stunde*

ESSEN & TRINKEN

6 Baretto di San Vigilio

Das Restaurant mit dem wohl schönsten Ausblick in Bergamo. Hier solltest du unbedingt vorher reservieren und auf einen Tisch an der Seilbahnstation bestehen, denn dieser befindet sich auf einem gesonderten Balkon. ***Infos:*** *Mo–Sa 11– 1, So 9–1 Uhr | Via al Castello, 1 | Bergamo | barettosanvigilio.it* | €€€

7 Polentone

Es gibt eigentlich nichts in Bergamo, das lokaler als Polenta ist. Und nirgendwo schmeckt der Maisbrei so gut, wie in diesem Take-Away unweit der Standseilbahn in der Neustadt. Hier bekommst du Polenta mit Ragu oder vegetarisch und kannst die Portion stilecht an den Stehtischen des kleinen Stands genießen. ***Infos:*** *Mi-Mo 11.30–22.30 Uhr | Piazza Mercato delle Scarpe, 1 | Bergamo | polentone.com/bergamo2* | €

EINKAUFEN

8 Il Fornaio

Wer denkt, Polenta sei nur herzhaft, der kennt die Bergamasken nicht. In der

SPORTLICH

Eine Mountainbiketour entlang der Adda.

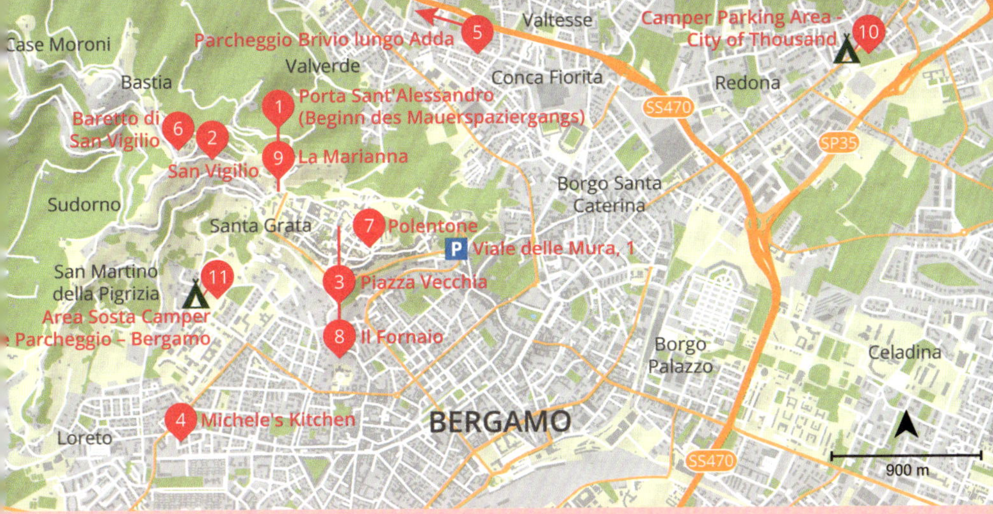

Stadt gibt es nämlich ein traditionelles Dessert aus süßer Polenta. Hinter *polenta e osei* versteckt sich ein Rührkuchen mit Schokoladen-Nuss-Füllung und Zuckerkruste, den ein kleiner Marzipanspatz toppt. Den besten gibt es in dieser Pasticceria. ***Infos:*** *tgl. 8–19.30 Uhr | Via Bartolomeo Colleoni, 3 | Bergamo | Facebook: IlFornai.BgAlta*

9 La Marianna

Schon gewusst? Die Eissorte Stracciatella wurde in Bergamo kreiert – und zwar in dieser Gelateria. Und hier, an der Quelle und gemütlich auf der Terrasse sitzend, schmeckt sie auch am besten. Oder man kehrt zur richtigen Zeit für einen *aperitivo* inklusive zahlreicher Snacks ein. ***Infos:*** *tgl. 7–23.30 Uhr | Largo Colle Aperto, 4 | Bergamo | lamarianna.it | €*

STELL- & CAMPINGPLÄTZE

10 Perfekt ausgestattet

Hier kannst du in unmittelbarer Nähe zur Stadt schlafen und hast dabei alles, was du zum Camperglück brauchst.

Camper Parking Area – City of Thousand

€ | Via F. Corridoni, 123 | Bergamo
Tel. +39 035 34 24 68 | areacamperbergamo.it
GPS 45.99533, 8.90843

- **Größe:** *50 Stellplätze*
- **Ausstattung:** *Duschen, Toiletten, WLAN, Strom, Wasserver- und entsorgung*

11 Einfach und richtig gut

Wenn du nach einem einfachen Stellplatz für die Nacht suchst, bist du hier richtig: am Fuß der Oberstadt und nahe am Zentrum der Unterstadt. Du kannst hier von 7 bis 21 Uhr einchecken und entweder für 2 € die Stunde parken oder direkt für 20 € übernachten. Von 17.30 bis 10 Uhr am nächsten Tag kostet der Stellplatz nur 15 €.

Area Sosta Camper e Parcheggio – Bergamo

€ | Via dello Statuto, 33 | Bergamo
Tel. +39 035 25 01 57 | parkinginbergamo.com
GPS 45.7000, 9.6524

- **Größe:** *30 Stellplätze*
- **Ausstattung:** *Toiletten, Strom, Wasserver- und entsorgung*

DER UNBEKANNTE

Vom Naturreservat Sebino öffnet sich der Blick auf den Iseosee.

Quer durch das Landesinnere
Vom Iseosee in die Po-Ebene nach Alessandria

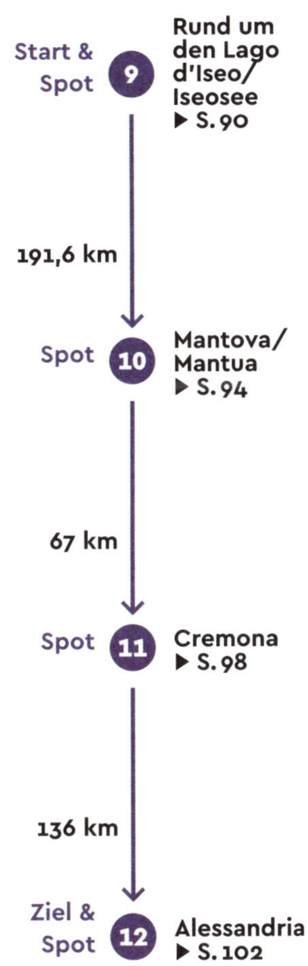

Endlos weite Weinberge, das glitzernde Wasser eines der wohl unbekanntesten Seen Italiens und historische Kulturhäppchen machen diese Tour zu einer ganz besonderen. Los geht es am ruhigen Iseosee mit seinen idyllisch gelegenen Campingplätzen, bevor du nicht nur die Heimat der Geigen, sondern auch die des berühmten Borsalinohuts entdeckst. Was jetzt noch fehlt? Noch schnell eine Flasche vom leckeren, regionalen Spumante und eine köstliche mantovesische Salami erstehen – dann kann die Reise durch das Landesinnere zwischen der Lombardei und Piemont auch schon starten.

Strecke 394,6 km

Reine Fahrzeit 6 Std. 45 Min.

Streckenprofil Größtenteils fährst du hier auf den Schnellstraßen, Landstraßen und Autobahnen. Rund um den Iseosee wird es teilweise sehr kurvig. Ansonsten sehr gut und einfach zu fahren.

Empfohlene Dauer 10 Tage

Anschlusstouren
B D E F

Tour C im Überblick

Tour-Highlights

Auf der Radtour über die *Monte Isola* in die Verarbeitung von Olivenöl und Sardinen hineinschnuppern ▶ **S. 91**

Vom höchsten Punkt des *Parco Corno di Predore* den Blick über den Iseosee genießen ▶ **S. 91**

Am Abend in den Bars und Restaurants von *Mantua* die Zeit vergessen ▶ **S. 96**

Bei einem bacio di dama in der *Antica Caffetteria* von *Alessandria* das bunte Treiben beobachten ▶ **S. 104**

Ⓒ Tourenverlauf

Rund um den Lago d'Iseo/Iseosee

Das See-Idyll für alle, die Erholung und Natur suchen ▶ **S. 90**

Optionaler Anschluss: Tour Ⓑ

32 km Den Iseosee umrundest du am besten im Uhrzeigersinn. Aus Bergamo kommend folgst du dafür zunächst der A4 bis zur Ausfahrt Ponte Oglio und fährst dann weiter auf die SP84, so lang, bis du rechts auf die SP91 abbiegen kannst. Nach knapp 15 Minuten erreichst du Sarnico.

Sarnico

Das herrlich ruhige Örtchen **Sarnico** ist bildhübsch und vor allem bekannt für die berühmten Rivaboote. Carlo Riva, der in Sarnico geboren wurde, hatte die luxuriösen Holzboote im Jahr 1950 entwickelt. Schnell wurden sie zum Rolls-Royce der Meere. In Sarnico solltest du einen Spaziergang am Seeufer machen und den mittelalterlichen Ortskern mit Stadtmauer und Piazza erkunden. Wenn du Lust auf Shopping hast, dann mache unbedingt einen Abstecher zum **Nereide Concept Store** *(Viale G. Garibaldi, 16 | Sarnico | Facebook: nereideconceptstore)*, in dem du Kleidung von lokalen Designern findest.

P *Parken geht super auf dem Parkplatz vom Conad direkt in der Nähe des Lungolago di Sarnico | GPS 45.6678133, 9.9628302.*

Monte Bronzone

Lust auf Action? Dann schnür die Wanderschuhe und erklimme den Monte Bronzone auf einer einzigartigen, mittelschweren Panoramaroute. Los geht es in Sarnico, von wo aus du direkt hinter dem Friedhof den Schildern des **Cappella degli Alpini** (Markierung: TPC-Parkplatz) folgst. Schnell erreichst du eine erste Kreuzung zur Chiesetta degli Alpini, dann geht es weiter zum Aquäduktgebäude und zur Kapelle. Du folgst dem asphaltierten Weg zum Restaurant Forcella an den Hängen des Monte Faeto. Von hier aus hältst du dich an die Schilder zum Monte Bromino, nimmst einen breiteren Pfad und gelangst in einen traumhaften Kastanien-, Birken- und Stechpalmenwald (Markierung: TPC-701). Von hier aus ist es wirklich nicht mehr weit bis zum Gipfel. Für den Rückweg folgst du dem letzten Abschnitt zurück bis zum Wegweiser 701, hältst dich links, um dann den Monte Gombo zu erreichen. Unterhalb der Gombohütte findest du weitere TPC-Wegmarkierungen. Folge von hier dem gut markierten Pfad, der die Ostseite des Monte Bromino umgeht und an der Kreuzung mit dem Pfad 701 eine Lichtung erreicht. Danach wanderst du weiter auf dem TPC bis zum Ausgangspunkt.

P *Kostenlos parken auf den Parkplätzen des Friedhofs | Corso Europa | Sarnico | perfekter Startpunkt der Wanderung | GPS 45.67114, 9.95594.*

4,6 km | Von Sarnico geht es nun die Westküste des Iseosees hinauf nach Predore. Dabei folgst du immer der SS469.

Predore

Predore gehört zu den ursprünglichsten Orten am Lago d'Iseo. Von hier aus starten viele wunderschöne Wanderwege, die dich mitten hinein in die Olivenhaine und die mediterrane Vegetation bringen. Einen tollen Einblick in diese Vegetation bekommst du im **Parco Corno di Predore.** Hier kannst du nicht nur toll spazieren gehen, sondern auch Mountainbiken.

Insider-Tipp
Senkrecht die Wand hoch

*Kletterfans sei im Parco Corno di Predore besonders die Felswand **Settore Aladino** empfohlen (GPS 45.6838022, 10.0327438).*

Kurz nach Riva di Solto verläuft die Straße serpentinenartig direkt am See entlang. Am Aussichtspunkt Punta delle Croci Bergamasche (GPS

VERZAUBERT

Zur Blauen Stunde entfaltet das Licht am Iseosee eine ganz besondere Stimmung.

45.78290, 10.05493) hast du einen tollen Blick über den See. Achtung: Hier gibt's lediglich eine Parktasche, beachte die Länge deines Womo.

74 km Nun geht es über Castro nach Lovere. Plane hier unbedingt einen Stopp ein, um in der Bar **Pasticceria Wender,** die sich im pinkfarbenen Haus mit den hübschen grünen Fensterläden befindet, bei einem guten Espresso das bunte Treiben des traumhaften Städtchens aus absoluter Poleposition zu beobachten *(Do–Di 8.30–12 u. 15.30–19 Uhr | Via Cavallotti, 6 | Lovere | vender.it).* Von Lovere aus folgst du der SS42 über den Fluss Oglio auf die Ostseite des Iseosees nach Pisogne. Dabei bleibst du auf der SP510. Zugegeben, durch die vielen Tunnel ist diese Seite des Iseosees eher unspektakulär. Für eine Übernachtung empfiehlt sich der traumhaft am See gelegene **Campeggio Riva di San Pietro.** Hier kannst du aus dem Wohnmobil direkt ins kühle Nass hüpfen oder mit dem SUP und Kanu über die seichte Seeoberfläche gleiten. Außerdem gibt es ein Restaurant mit lokalen Spezialitäten – vom Olivenöl bis zum berühmten Sekt aus der Franciacorta *(Via Battista Cristini, 5/9 | Marone | Tel. +39 03 09 82 71 29 | rivasanpietro.it | GPS 45.730584, 10.094419).* In kurzen 8 Minuten erreichst du das Städtchen **Sulzano** über die Via Proviniale, von wo aus regelmäßig die Fähren zur **Monte Isola** fahren (▶ S. 91). Von hier aus nimmst du die SP510 in Richtung Brescia. Nach nur wenigen Kilometern befindest du dich inmitten des Weinanbaugebiets Franciacorta im Süden des Sees. Hier wird feinster Schaumwein hergestellt, den du bei Führungen im Weinkeller des Guts **Villa Franciacorta** *(Via Villa, 12 | Monticelli Brusati | Tel. +39 030 65 23 29 | villafranciacorta.it)* probieren kannst. Zurück auf der SP510 ist es nun nicht mehr weit bis nach Brescia. Folge dafür am besten den Schildern in Richtung Aeroporto, bis du zur SP11 gelangst. Nimm dann die Ausfahrt 5 Tangenziale Ovest und folge der Beschilderung in Richtung Centro.

Brescia

Die Stadt Brescia liegt zwischen Iseo- und Gardasee und bietet dir nicht nur eine Menge Kunst, sondern auch zahlreiche UNESCO-Weltkulturerbestätten: zum Beispiel mit dem **Parco archeologico di Brixia romana** die größten archäologischen Ausgrabungen der römischen Zeit in Norditalien *(Di–Fr 9–17, Sa 10–18, So 10–18 Uhr | Tickets 8 € | bresciamusei.com).* Keine Lust auf Geschichte? Dann nutze die Zeit einfach, um durch Brescia zu spazieren. Gerade die lebendigen und multikulturellen Viertel Carmine und

San Faustino bieten viele hübsche Läden mit traditionellem Kunsthandwerk. Am besten spazierst du über die **Via Gasparo da Salò,** die **Via delle Battaglie,** die **Rua Sovera** und die **Contrada Pozzo dell'Olmo**.

P *Gut parken kannst du am perfekt für einen Stadtbummel gelegenen Parcheggio Castello di Brescia | GPS 45.5414, 10.2254 | immer geöffnet.*

*Fällt dein Besuch in Brescia auf den zweiten Sonntag des Monats, nimm dir etwas Zeit, um über den bekannten **Antiquitätenmarkt** an der Piazza della Vittoria zu bummeln.*

53,7 km Für den schnellsten Weg nach Mantua verlässt du Brescia südlich über die Schnellstraße E70. Diese führt dich in Richtung Osten zunächst am südlichen Ende des Gardasees vorbei, bevor du der E45 bis zur Ausfahrt „Mantova Nord" und dann der SS10 Padana Inferiore bis zum Corso della Libertà folgst. Auf diesem Weg erreichst du Mantua von der rechten Seite des Lago Inferiore aus, wo sich auch ein prima **Parkplatz** für dein Womo befindet (▶ S. 94). Landschaftlich deutlich schöner und spannender ist die Anreise über die SR249, die dich durch das Landesinnere führt. Hierfür folgst du zunächst ebenfalls der Schnellstraße E70 und nimmst dann in Pescheria del Garda die Ausfahrt auf die SR249. Diese Route führt dich parallel zum Fluss Mincio und für kurze Zeit durch die Region Venetien. Die Straße schlängelt sich entlang zahlreicher bewirtschafteter Felder zur venezianischen Stadt Valeggio sul Mincio.

Valeggio sul Mincio

Valeggio sul Mincio ist für zwei Dinge ganz besonders bekannt: Zum einen für das ehemalige Festungsdorf **Borghetto di Valeggio** mit seinen engen Gassen und zum anderen für das Tortellinifest, das jedes Jahr am dritten Dienstag im Juni auf der Viscontibrücke stattfindet. Dann nehmen knapp 3000 Gäste an 650 Meter langen Tischen Platz und essen gemeinsam Tortellini. Solltest du nicht zum Fest da sein, musst du unbedingt einen Stopp in der **Antica Locanda sul Mincio** einplanen *(Fr–Di 12–14.30 u. 19.30–24, Mi 12–14.30 Uhr | Via Michelangelo Buonarroti, 12 | Valeggio sul Mincio | anticalocandamincio.it)*. Unter riesigen Bäumen sitzt man direkt am Fluss und kommt in den Genuss der wohl besten Küche der Region. Zum Übernachten empfehlen wir die **Area Sosta Camper Borghetto** *(Via Michelangelo Buonarroti | Borghetto | GPS 45.3533, 10.7204)*.

P *Gut und kostenlos parken auf der Piazza della Repubblica | Valeggio sul Mincio | GPS 45.3517, 10.7349.*

27,3 km Von Valeggio sul Mincio folgst du der SR249 so lange, bis du am Kreisverkehr kurz vor Rovella über die SP17A auf die Strada Roverbella Bancole fährst. In Marmirole fährst du weiter auf die SS62, die dich ab hier direkt nach Mantua bringt.

Spot 10

Mantova/Mantua
Ewig im Dornröschenschlaf ▶ **S. 94**

67 km Von Mantua geht es über die SP10 durch eines der wirtschaftlichen Zentren von Nordwestitalien in Richtung Cremona. Auf dem Weg wirst du Zweigstellen von einigen der größten italienischen Lebensmittelunternehmen erkennen. Landschaftlich ist dieser Streckenabschnitt eher unspektakulär.

Spot 11

Cremona
Die Stadt der Geigenbauer ▶ **S. 98**

40 km Von Cremona aus folgst du der Viale Po über den Po und befindest dich dann relativ schnell auf der Schnellstraße SP10. Von hier aus fährst du weiter auf die E70 und bist dann in nur knapp 40 Minuten in Piacenza, der Hauptstadt der gleichnamigen Provinz in der Region Emilia-Romagna. Sie liegt nahe dem Zusammenfluss von Po und Trebbia in der lombardischen Ebene. Für einen kurzen Abstecher in eine andere Region Nordwestitaliens lohnt sich ein Stopp. Dafür folgst du der A21 bzw. E70 bis Piacenza Ovest/Svincolo Piacenza Ovest/Uscita Piacenza Ovest, um dann die Ausfahrt nach Piacenza Ovest zu nehmen. So erreichst du die Stadt über die SP10 und die Piazzale Torino.

Piacenza

Ein guter Startpunkt für den Spaziergang durch Piacenza ist die **Piazza Cavalli** mit dem Palazzo Gotico. Hier solltest du definitiv Kamera oder Handy zücken, um genügend Fotos von den prunkvollen Adelspalästen zu schießen, die sich hier ringsum reihen. Wenn du noch ein bisschen Zeit hast, kannst du dir außerdem die **Basilika San Savino** aus dem Jahr 1107 anschauen und zum **Dom** schlendern, der mit seiner Fassade aus rosafarbenem Veroneser Marmor ein echtes Highlight ist. Genug Sightseeing? Dann probiere unbedingt die berühmten *tortelli piacentini* (Teigtaschen mit Ricotta und Spinat) und ein Glas vom regionalen Viscontiweißwein. Das kannst du besonders gut im **Ristorante Vecchia Piacenza** *(Do–Mo 12–14 u. 20–22, Mi 20–22 Uhr | Cantone San Bernardo, 1 | Piacenza | Tel. +39 38 02 67 54 63 | Facebook: VecchiaPiacenza).*

P *Gut parken kannst du in der Strada della Valli | 1,20 €/Std. | GPS 45.0561, 9.6783 | von hier aus läufst du ca. 20 Min. ins Stadtzentrum.*

96 km Die E70 führt dich dann von Piacenza aus in einer knappen Stunde in die Nachbarregion Piemont und nach Alessandria. Aus der Ferne grüßt bereits der Dom von Alessandria. Die kleine Großstadt befindet sich unweit der Weingebiete rund um Asti und ist nicht nur für die große Zitadelle, sondern vor allem auch für den wohl bekanntesten Hut der Welt berühmt – den Borsalino.

Spot 12

Alessandria

Wo sich Ligurien, Piemont und die Lombardei treffen ▶ S. 102

Optionaler Anschluss: Tour D, Tour E, Tour F

AUTOFREI

Das historische Zentrum von Piacenza kannst du gut zu Fuß oder mit dem Rad erkunden.

Rund um den Lago d'Iseo/ Iseosee

Das See-Idyll für alle, die Erholung und Natur suchen

Iseosee, wo liegt der? Ganz verschlafen dehnt er sich zwischen dem Comer und dem Gardasee aus und ist bisher nur Reisenden mit Insiderkenntnissen ein Begriff. Dabei hat er eine ganze Menge zu bieten: von perfekten SUP- und Kitebedingungen über eine Oase für alle Sektfans bis hin zur berühmten Gourmetwoche Tinca al Forno. Hier kann man locker eine Woche urlauben – mindestens.

P *Entlang des Iseoseeufers findest du zahlreiche Parkbuchten für wunderbare Fotos und leckere Picknicks. Der schönste Parkplatz ist dabei sicher die Località Gre (GPS 45.7882000, 10.0538000). Alternativ findest du an den Kirchen in den einzelnen Ortschaften immer einen Platz – auch mit dem großen Wohnmobil.*

BESTE LAGE

Auf der Monte Isola mitten im Iseosee wird hervorragendes Olivenöl produziert.

AKTIVITÄTEN & SIGHTSEEING

1 Auf der autofreien Monte Isola radeln

Schon gewusst? Die größte italienische See-Insel befindet sich tatsächlich im unbekannten Iseosee. Hier kannst du am besten mit dem Fahrrad um die 9 Kilometer große Insel radeln, zahlreiche Bergdörfer entdecken und das **Santuario della Madonna della Ceriola** auf der 400 Meter hohen Bergkuppe erklimmen. Nicht verpassen solltest du einen Besuch in der **Azienda Agricola Maurizio Ribola**, die dich mit allerfeinsten Oliven und Olivenöl versorgt *(oliodimonteisola.it)*. ***Infos:*** *Fähre mehrmals tgl. von Sulzano nach Peschiera Maragio | Überfahrt 15 Min. | Tickets direkt am Hafen | Fahrräder: z. B. bei iseobike.com mieten und mit auf die Insel nehmen | Via Vittorio Veneto, 9/a | Pilzone d'Iseo*

Insider-Tipp **Wie die Sardinen** *Unglaublich, aber auf der Monte Isola gibt es sogar noch eine auf Hochtouren laufende* ***Sardinenfabrik*** *(pescheriamontisola.it).*

2 Bei der Tinca al Forno schlemmen

Jedes Jahr wird in der dritten Juliwoche im Örtchen **Clusane** an langen Tafeln geschlemmt, wenn die berühmte *tinca al forno* zubereitet wird. Die zwei Stunden im Ofen gegarte Schleie wird traditionell mit einer Masse aus Käse, Brot, Salz und Petersilie gefüllt und mit Polenta serviert. Dabei gibt es immer ein festes Menü für ca. 20 bis 30 €. Unser Tipp: Definitiv solltest du vorher einen Platz reservieren. ***Infos:*** *Al Porto | Do–Di 12–14 u. 19–22 Uhr | Porto dei pescatori, 12 | Clusane | alportoclusane.it* ***Parken:*** *Arcipretura di Cristo Re dell'universo | GPS 45.6596632, 10.0014766 | auch gut für eine kleine Siesta in der Mittagshitze*

3 Im Parco Corno di Predore wandern

Zwischen See, Insel und spektakulären Küstenabschnitten erstreckt sich dieser hübsche Park. Hier kann man lange Spaziergänge sowie Radtouren unternehmen und auch für Kletterfreaks ist die Gegend perfekt geeignet. Die Wanderwege führen dich nicht nur durch die mediterrane Vegetation, sondern vor allem entlang schattenspendender Olivenhaine. ***Parken:*** *Ein guter Ausgangspunkt ist der Parkplatz an der Piazza Achille e Cesare Bortolotti | GPS 45.6803988, 10.0177892| von hier aus der steilen Hauptstraße zum mittelalterlichen Turm und Aquädukt folgen, bevor es mitten hinein ins dichte Grün geht.* ***Infos:*** *visitlakeiseo.info*

4 Ganz besondere Kunst bewundern

Der Ort **Pisogne** liegt auf der Ostseite des Iseosees und ist Heimat der bekannten Kirche **Santa Maria della Neve,** die auch die „Sixtinische Kapelle der Armen" genannt wird. Der lombardische Künstler Girolamo Romanino verlieh im 16. Jh. seinen Fresken einen ganz besonderen Touch, indem ihm die ländliche Bevölke-

REGENTAG – UND NUN?

5 Historische Heilung inklusive

Wer den Iseosee an einem verregneten Tag erwischt, der kann in der **Boario Terme** entspannen. Schon Ende des 18. Jh. wurde in Brescia echtes Thermalwasser gefunden, das bis heute in der Boario Terme für Entspannung sorgt. ***Infos:*** *Do–Mo 10–21.30 Uhr | Tickets ab 30 €/3 Std. | Piazzale delle Terme, 3 | Brescia | termediboario.it*

rung aus der Umgebung als Modell zur Verfügung stand. Entsprechend einfach und authentisch wirken die gemalten Gesichter bis heute. Einen Kaffee trinkst du danach am besten in der **Bar Sorriso Romanino,** in der du auch im Garten sitzen kannst. ***Parken:*** *direkt gegenüber bei GPS 45.8068229, 10.1114228* ***Infos:*** *Di–So 10–18 Uhr | Via della Pace, 2 | Pisogne*

ESSEN & TRINKEN

6 Antica Trattoria del Gallo

Die Trattoria ist für zwei Sachen besonders berühmt: als gute Adresse zur Tinca al Forno im Juli und für die kühlenden Gewölbe in der Mittagshitze. Beides genießt du am besten in Kombination. ***Infos:*** *Mi–Mo 12–15 u. 19–24 Uhr | Via Risorgimento, 46 | Clusane | Tel. +39 309 82 92 00 | anticatrattoriadelgallo.com | €€*

7 Caffè del Porto

Koffeinbooster gefällig? Dann lohnt sich das Café für einen Stopp. Von der Terrasse aus genießt du den Blick auf den See und schlürfst dabei einen Espresso für 1 €, so wie früher. ***Infos:*** *tgl.*

FAMILIENGEEIGNET

Auf dem Camping QUAI gibt's neben schattigen Stellplätzen auch einen Kinderspielplatz.

7–20 Uhr | Piazza del Porto | Riva di Salto | Facebook: Caffè del Porto | €

8 Bar Moleri

Unter der schnörkeligen Neonschrift sitzt du zur perfekten Aperitivozeit gegen 17 Uhr auf der Terrasse und kannst dem bunten Treiben auf der Straße zuschauen. ***Infos:*** *tgl. 6.30–21.30 Uhr | tgl. 6.30–21.30 Uhr | Via Marconi, 53 | Lovere | Instagram: bar.moleri | €*

9 Bar Pistakkio

Wenn du die Zeit bis zur nächsten Fähre auf die Monte Isola überbrücken möchtest, kannst du dich auf der Terrasse direkt am Seeufer in Sulzano ganz gemütlich stärken. ***Infos:*** *Mo–Sa 6–1, So 6–24 Uhr | Via L. Cadorna | Sulzano | pistakkioloungebar.it | €*

STELL- & CAMPINGPLÄTZE

10 Inselpanorama inklusive

Idyllisch liegt der Campingplatz direkt am Iseosee und bietet dir den perfekten Blick auf die Monte Isola. Von hier aus bist du in wenigen Minuten im historischen Zentrum von Iseo. Deine Kinder freuen sich über den großen Spielplatz und die Bocciabahn. Wobei, darüber freut sich doch die ganze Familie, oder?

Camping QUAI

€€ | Via Ippolito Antonioli 73 | Iseo/BS
Tel. +39 03 09 82 16 10 |
campingquai.it/de/home
GPS 45.6660881, 10.0607557

▶ **Größe:** *90 Stellplätze; Mietunterkünfte: Bungalows, Studios und Caravans*

▶ **Ausstattung:** *WLAN, Fahrradverleih, Bocciabahn*

11 Eine kleine Oase

Wenn du Lust auf einen wirklich heimeligen Campingplatz hast, dann bist du hier goldrichtig. Der Platz hat genau die richtige Größe und ist dazu perfekt am Iseosee gelegen. Zum Sonnenuntergang kannst du es dir mit einer Pizza aus dem Restaurant am Ufer gemütlich machen und die Stimmung genießen.

Camping Covelo

€€ | Via Covelo 18 | Iseo/BS
Tel. +39 03 09 82 13 05 | campingcovelo.com
GPS 45.6667485,10.0669919

▶ **Größe:** *62 Stellplätze; Mietunterkünfte: Zelte (CoCo) und Miet-Caravans*

▶ **Ausstattung:** *Duschen, WC, WLAN*

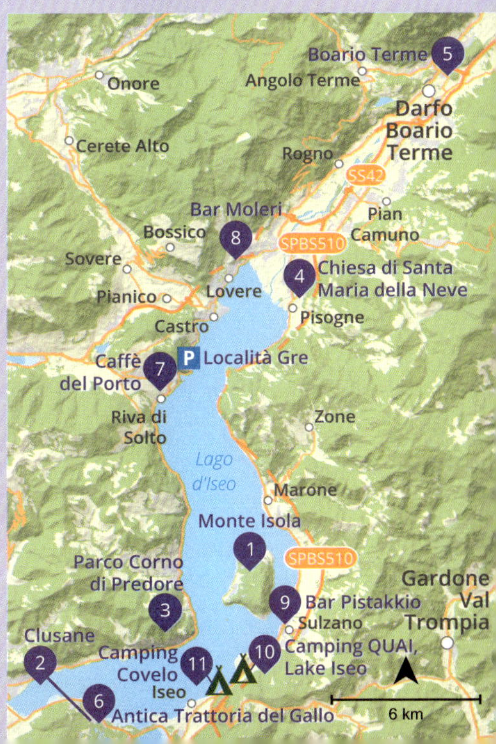

Mantova/Mantua
Ewig im Dornröschenschlaf

Du hast noch nie etwas von Mantua gehört? Da bist du nicht allein. Die Stadt gehört zu den touristisch wohl unbekanntesten Orten in Norditalien und bewahrt dieses Flair bis zum heutigen Tag – es gibt beispielsweise immer noch keine Souvenirläden. Wer literarisch versiert ist, der weiß, dass sich Shakespeares Romeo einst hier versteckt hielt. So solltest du dich mindestens an einem Nachmittag und Abend auf die Suche machen. Nicht nach Romeo, sondern zum Beispiel nach deinem ganz persönlichen Lieblingscafé, das du sicher in einer der zahlreichen Gassen finden wirst. Mantua ist zum Verlieben – nicht nur für Romeos.

P *Parcheggio di Campo Canoa | GPS 45.162260, 10.812567 | von hier aus kannst du über die Ponte di San Giorgio ins Zentrum von Mantua spazieren.*

WACHGEKÜSST

Wenn die Sonne untergeht, erwacht in den Gassen von Mantua das Leben.

AKTIVITÄTEN & SIGHTSEEING

1 Im Dogenpalast auf Zeitreise gehen

Der **Palazzo Ducale** war einst die Residenz der Familie Gonzaga. Zusammen mit zahlreichen Künstlern der Zeit hinterließen sie Mantua als eine Perle der Renaissance. Heute ist der Palazzo ein Museum, in dem du die Kunstwerke von Pisanello, Andrea Mantegna, Raffael, Giulio Romano und Rubens bewundern kannst. ***Infos:*** *Di–So 8.15–19.15 Uhr | Piazza Sordello, 40 | Mantova | mantovaducale.beniculturali.it*

2 Beim Piazza-Hopping auf Lieblingsplatzsuche

Was Mantua besonders macht, sind die vielen Plätze im Herzen der Stadt. Betrittst du sie über die Brücke, wirst du zunächst auf der **Piazza Sordello** landen. Mit dem Dom an der Nordseite und dem Dogenpalast an der Ostseite, gehört sie definitiv zu den beeindruckendsten. Von hier aus geht es weiter zur **Piazza delle Erbe** mit ihrem Glockenturm Torre dell' Orologio und dem Palazzo della Ragione. Gleichzeitig findest du hier auch die älteste Kirche der Stadt mit Wandelgang und Galerie. Zur späteren Stunde sind vor allem die **Piazza Marconi** und die **Piazza Concordia** *the places to be.*

3 Am Po entlangradeln

Der Po ist sagenhafte 652 Kilometer lang und damit der längste Fluss Italiens. Durch die flache Landschaft der Po-Ebene ist das Gebiet perfekt für eine kurze oder gar längere Radtour. Am schönsten ist es, wenn du in Mantua zum Beispiel vom oben angegebenen Parkplatz **Parcheggio di Campo Canoa** startest und in Richtung Po radelst. Der Fluss liegt südlich der Stadt. Von dort folgst du einfach dem Radweg in Richtung **Ostiglia.** Insgesamt dauert die Strecke ca. 2 Stunden bei einer Distanz von knapp 39 Kilometern. ***Infos:*** *komoot.de/guide/42062/radtouren-in-mantua*

4 Beim Sonnenuntergang ins Träumen geraten

Jenseits des historischen Zentrums auf der anderen Seite der Ponte di San Giorgio am **Campo Canoa** *(GPS 45.161139, 10.809403)* befindet sich ein wunderbarer Ort, von dem aus du den besten Blick auf die **Skyline von Mantua** zum Sonnenuntergang hast.

Insider-Tipp

Auf zur Belle Heure

Geh kurz vor Sonnenuntergang über die Brücke und beobachte, wie die Stadt im Zeitlupentempo in ein ganz anderes Licht gehüllt wird.

ESSEN & TRINKEN

5 Quattro Tette

Mittagessen wie bei *nonna*? An großen Holztischen kommst du gemeinsam mit anderen in den Genuss echter italienischer Küche à la Oma. Das *risotto alla pilota* schmeckt am allerbesten. ***Infos:*** *Mo–Sa 12.30–14.30 Uhr | Vicolo Nazione, 4 | Mantova | Facebook: QuattroTette | €€*

6 Leoncino Rosso

Echt, echter, mantovesisch: In dem etwas abseits gelegenen Restaurant wird gekocht wie in alten Zeiten. Die lokalen *agnoli in brodo* (gefüllte Teigtaschen in Brühe) stehen ebenso auf dem Speiseplan wie der *stracotto Mantovano con polenta* (Eintopf mit Polenta). ***Infos:*** *Mo–Sa 12–22.30, So 12–14.30 Uhr | Via Giustiziati, 33 | Mantova | Tel. +39 03 76 32 32 77 | Facebook: leoncino rosso | €*

7 Gelateria Loggetta dal 1939

Ob Romeo in dieser Gelateria wohl ein Eis gegessen hat? Sicher nicht. Du solltest stellvertretend zuschlagen: Probier dich durch mindestens *due gusti* der besonderen Sorten. ***Infos:*** *tgl. 12–23, im Sommer bis 24 Uhr | Piazza Broletto, 12 | Mantova | Facebook: gelaterialoggetta*

EINKAUFEN

8 Scaravelli: Forneria

Lust auf ein paar Leckereien für die Weiterfahrt? Dann ist diese nicht-nur-Bäckerei perfekt. Hier kannst du dich mit typisch mantovesischen Spezialitäten eindecken. Dazu gehören neben fruchtigen Kürbistortelli vor allem die *torta sbrisolona*, ein herrlich süßer Mandelkuchen aus der Region. ***Infos:*** tgl. 9.30–19.30 Uhr | Via Broletto, 28 | Mantova | scaravelli.it/forneria

AUSGEHEN & FEIERN

9 Bar Caravatti

Kaum eine Stadt verändert sich so sehr bei Sonnenuntergang wie Mantua. Während tagsüber Schönheitsschlaf gehalten wird, erwacht sie zur blauen

GAUMENFREUDEN

Die verkauft dir Scaravelli: Forneria in Form der lokaltypischen Kürbistortelli.

Stunde. Jazztöne aus den Lautsprechern der ikonischen Bar Caravatti dringen in die Gassen und es ist Zeit für eine *passeggiata* zum Aperitif. 1865 hat Signor Caravatti seinen ganz eigenen Aperitif erfunden, der bis heute einem Geheimrezept mit Wein und aromatischem Bitter folgt. Allabendlich schlürft man auf der Terrasse beste Drinks und passende Snacks, serviert von Barmann Max Orondini, der sich in allem bestens auskennt. ***Infos:*** *So u. Di–Do 7.15–22, Fr–Sa bis 24 Uhr | Via Broletto, 16 | Mantova | barcaravatti.it*

STELL- & CAMPINGPLÄTZE

10 Einfach, aber praktisch

Der Stellplatz befindet sich auf der gegenüberliegenden Flussseite von Mantua. Hier kannst du dein Wohnmobil für 24 € pro 24 Stunden parken und auch übernachten. Vom Stellplatz aus musst du nur noch über die Ponte di San Giorgio gehen und bist in wenigen Minuten im Zentrum von Mantua. Achtung: Die Schranke ist nur von 7 bis 23 Uhr geöffnet.

Area attrezzata Sosta Camper – Sparafucile

€ | Via Legnago, 1 | Lunetta-frassino/MN
Tel. +39 03 76 43 24 32 | cittadimantova.it/de-ww/camper-park-area-sparafucile.aspx
GPS 45.1636536, 10.81224

▶ **Größe:** *55 Stellplätze*
▶ **Ausstattung:** *Dusche, WC, Ver- und Entsorgungsstation*

11 Perfekt für Aktivcamper

Der Campingplatz liegt unweit der Riserva Naturale Valli del Mincio und bietet dir, trotz Nähe zu Mantua, eine Auszeit in der Natur. Von hier aus kannst du mit dem Fahrrad in die Stadt fahren und bist in ca. 10 Kilometern auf dem Domplatz. Die Nacht kostet hier 15 € inklusive WC und Ver- sowie Entsorgung. Für die Duschen zahlst du 1 € extra.

Area Sosta Camper – Grazie di Curtatone ☼

€ | Via della Fiera, Parco Paganini, 1 | Grazie MN
Tel. +39 33 42 13 62 47
GPS 45.1529056, 10.6933507

▶ **Größe:** *103 Stellplätze*
▶ **Ausstattung:** *Grillplatz, Ver- u. Entsorgung, WLAN*

Cremona

Die Stadt der Geigenbauer

Cremona wurde vor allem durch eine Kunst bekannt – die Kunst des Geigenbauens. Die Familien Amati, Bergonzi, Guarneri und Stradivari haben die kleine Stadt zu dem weltbekannten Ort für Qualitätsgeigen gemacht. Am besten lernst du Cremona bei einem kurzen Spaziergang kennen, auf dem du durch die Gassen flanierst und den höchsten Ziegelsteinturm Europas erklimmst. Keine Sorge, die Belohnung gibt es spätestens im Café um die Ecke.

P *Parken am Parco Ugo Tognazzi ca. 15 Minuten vom Stadtzentrum | GPS 45.1308173, 10.0133922 | kostenlos | die Stadt lässt sich einfach zu Fuß erkunden.*

STEIN AUF STEIN

Das Ensemble aus Kathedrale und Baptisterium komplettiert der Torrazzo als höchster Ziegelsteinturm Europas.

AKTIVITÄTEN & SIGHTSEEING

1 Den höchsten Ziegelsteinturm Europas erklimmen

Der 112 Meter hohe **Torrazzo** ist der Glockenturm des Doms, den du über 502 Stufen erklimmen kannst, um dich ganz oben über einen der schönsten Ausblicke über Cremona zu freuen. Zwischendrin erwarten dich ein paar kleine Highlights, wie zum Beispiel der Blick hinter die Kulissen einer astronomischen Uhr aus dem Jahr 1583. ***Infos:*** *Di–So 10–13 u. 14.30–18 Uhr | Eintritt 5, ermäßigt 4 € | Piazza del Comune | Cremona | cattedraledicremona.it*

2 Durch die alten Gassen von Cremona schlendern

Cremona ist eine Stadt zum Flanieren und obwohl man das über zahlreiche Städte Italiens sagt, kann man es hier besonders gut. Lass dich durch die kopfsteingepflasterten Gassen der romantischen Stadt treiben und spüre dem Violinengeist nach, der zumindest in Form von Stradivari-Statuen an fast jeder Ecke zu finden ist. Als Startpunkt empfiehlt sich das Museo del Violino an der **Piazza Guglielmo Marconi** *(GPS 45.131674, 10.023058)*.

3 Den Tag auf dem Domplatz beginnen

Hast du schon einmal von *torrone* gehört? Spätestens in Cremona ist es soweit. Die Süßspeise aus Honig und gerösteten Mandeln ist zwar eigentlich ein klassisches Weihnachtsgebäck, schmeckt aber zu jeder Jahreszeit und besonders gut zu einem Espresso. Den kannst du dir in den Cafés an der **Piazza del Comune** schmecken lassen. Torrone zum Mitnehmen bietet die **Pasticceria Bar al Duomo** an *(Mi–Mo 8–13 u. 15.30–19.30 Uhr | Largo Boccaccino, 6)*. Plane danach unbedingt einen Besuch in der **Cattedrale di Santa Maria Assunta (Duomo)** selbst ein, die wesentlich zum einheitlichen, architektonischen Stadtbild beiträgt. ***Infos:*** *Mo–Fr 7.45–12 u. 15.30–18, Sa 7.45–14 u. 15–18, So 7.45–18 Uhr | Piazza del Comune | Cremona | cattedraledicremona.it*

4 Ab in die Provinz

Schnapp dir dein Fahrrad und starte vom Bahnhof in Cremona aus auf eine ca. 44 Kilometer lange Radtour. Dafür folgst du der ausgeschriebenen Radstrecke „Ciclabile del Naviglio Civico di Cremona". Zunächst geht es durch die

REGENTAG – UND NUN?

5 Die Geschichte der Violinen kennenlernen

Das **Museo del Violino** ist in Cremona eine wahre Institution. 2012 wurde die Geigenbaukunst von Cremona von der UNESCO zum immateriellen Kulturerbe geadelt – allein deswegen lohnt sich der Besuch. Lass dir Zeit und schau dir die vielen Exponate an, die dir das Leben der Cremoneser Geigenfamilien im Detail erklären. ***Infos:*** *Di–So 10–18 Uhr | Eintritt Erwachsene 10, ermäßigt 7 €* | Piazza Guglielmo Marconi, 5 | *Cremona | museodelviolino.org*

Dörfer Magliaro und Casalbuttano, bis du die **Tombe Morte** (auch Le Formose genannt) mit zahlreichen Wasserfällen *(GPS 45.3361996, 9.7561865)* mitten in der Provinz Cremona erreichst. Weiter geht es von hier zum **Canale Vacchelli** *(GPS 45.3581079, 9.7114001)*.

Insider-Tipp
Foto, klick *Das Wasserbauwerk vom Ende des 19. Jh. ist mit seinen Terrakottabrücken auch ein einmaliger Fotospot.*

ESSEN & TRINKEN

6 Osteria Pane e Salame

In dieser Osteria solltest du auf jeden Fall die *marubini in brodo* probieren. Die Tortelli werden in einer Brühe aus drei verschiedenen Fleischsorten (Kalb, Rind und Huhn) gekocht. Auch lecker: die Antipastiplatten mit der berühmten Knoblauchsalami aus Cremona und dem Cremonasenf mit kandierten Früchten. ***Infos:*** *Di–So 12–15 u. 19–23 Uhr | Via Giovanni Maria Platina, 32 | Cremona | Tel. +39 03 72 43 81 25 | Facebook: OsteriaPaneSalame | €€*

7 Zilli Ferruccio e C. Snc

Komplette kulinarische Vielfalt: Probier dich durch lokale Käsesorten wie Grana, Provolone, Stracchini oder Pannerone oder lass dir direkt ein Wohlfühlpaket für das Abendessen auf dem Campingplatz zusammenstellen. An Wein, Pasta und Pesto mangelt es bei Zilli nicht. Oder genieße gleich vor Ort eines der warmen Mittagsgerichte. ***Infos:*** *Di–Sa 6.30–13 u. 15.15–19.30, Mo 6.30–13.30 Uhr | Via Bella Chioppella, 1 | Cremona | Tel. +39 037 22 53 82 | Instagram: vittorio_zilli | €*

8 Caffé del Teatro Ponchielli

Den edelsten Espresso der ganzen Stadt, den genießt du in dem architek-

KURZE WEGE

Vom einfachen Stellplatz erreicht man ratzfatz die Innenstadt von Cremona.

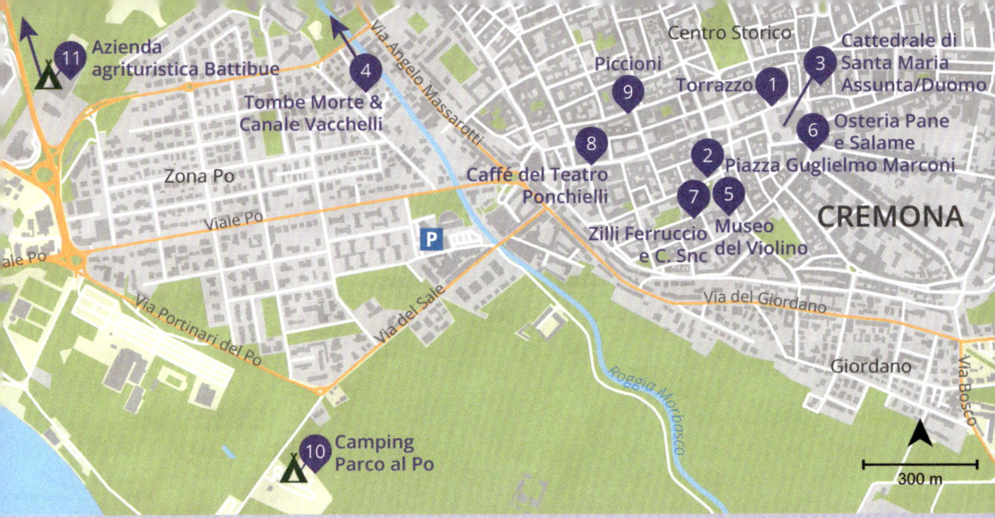

tonisch wunderbaren Theater von Cremona an einem langen Tresen. Mittags sitzt man auch auf der Terrasse vor dem Café schön und wählt aus einem wechselnden Angebot an Mittagsgerichten *(piatto pranzo)*. ***Infos:** Di–So 7.30–16.30 Uhr | Corso Vittorio Emanuele II, 66 | Cremona | Tel. +39 03 72 02 20 37 | Facebook: caffedelteatroponchielli | €€*

EINKAUFEN

9 Piccioni

Das Farbenfachgeschäft entpuppt sich als kleines Paradies, in dem du nicht nur Farben kaufen kannst, sondern auch hübsche Küchenutensilien von italienischen Designern und viele lokale Leckereien. ***Infos:** Mo–Sa 8–12 u. 14.30–19 Uhr | Via del Giordano, 55 | Cremona | piccionicolorificio.it*

STELL- & CAMPINGPLÄTZE

10 Direkt am Po

Der einfache Campingplatz ist komplett automatisiert. Hier bezahlst du an der Eingangsschranke, es gibt Toiletten und Duschen und der Weg nach Cremona selbst ist kurz. Für eine Nacht kann man aber wirklich gut stehen – und schlafen.

Camping Parco al Po

€ | Via del Sale, 60/A | Cremona
Tel. +39 34 08 42 04 65 |
campingcremona.it/en
GPS 45.1250991, 10.0086622

- **Größe:** *56 Stellplätze*
- **Ausstattung:** *Wasser und Strom*

11 Im Herzen der Region

Hier übernachtest du auf einem lokalen Agriturismo und kannst dich am Abend durch hausgemachte lokale Spezialitäten schlemmen. Für die Weiterfahrt kannst du dich im Weinkeller mit Salami, Käse und natürlich Wein eindecken.

Azienda agrituristica Battibue ✺

€ | Via Battibue Localita Baselicaduce, 278 |
Fiorenzuola d'Arda |Tel. +39 05 23 94 23 14 |
battibue.it
GPS 44.9284263,9.92858

- **Größe:** *ca. 10 Stellplätze*
- **Ausstattung:** *Wasser, Strom, Duschen*

Alessandria

Wo sich Ligurien, Piemont und die Lombardei treffen

Alessandria ist umgeben von Weinbergen, fruchtbarem Ackerland und liegt zwischen den Flüssen Tanaro und Bormida. Bekannt ist die Stadt nicht nur für die zuckersüßen Baci di Dama, sondern vor allem auch für den berühmtesten Hut der Welt: den Borsalino. Für Camper ist Alessandria ein toller Spot, um sich die Beine zu vertreten und durch die Gassen zu schlendern, aber auch der perfekte Ausgangspunkt, um die vielen kleinen Weindörfer der Region zu entdecken.

P *Parken direkt auf der Piazza Garibaldi | sogar ein paar schattige Plätze unter Bäumen | 1 €/Std. | GPS 44.9085562, 8.6128448.*

IM SECHSECK SPRINGEN ...

... kannst du bei der Besichtigung der sehenswerten Cittadella di Alessandria.

AKTIVITÄTEN & SIGHTSEEING

1 Einen sternförmigen Spaziergang machen

Zugegeben, auf den ersten Blick wirkt die **Cittadella di Alessandria** gar nicht so besonders. Doch wenn du einmal ein Foto von oben gesehen hast, wirst du verstehen, warum diese Sehenswürdigkeit ein echtes Highlight ist. Die Zitadelle ist eines der größten Militärgebäude in der Region und wurde 1728 unter König Vittorio Amedeo II. erbaut. Mit ihrem sechseckigen Festungsring und den Wällen erstreckt sie sich über drei Kilometer. Heute kannst du sie ganz einfach besichtigen oder im Park picknicken. Täglich finden außerdem um 16 Uhr Führungen statt, bei denen du die Gebäude auch von innen besichtigen kannst. ***Infos:*** *tgl. 9–19 Uhr | Eintritt frei | Via Pavia, 2 | Alessandria*

2 Über die zukunftsträchtige Brücke wandeln

Zwischen der Altstadt von Alessandria und direkt neben der gigantischen Zitadelle befindet sich ein Stück Moderne, das im ersten Moment wie ein Fremdkörper wirkt: die Ponte Cittadella – oder **Ponte Meier** *(GPS 44.918643, 8.609531)*, wie sie auch genannt wird. Markant ist vor allem der große, helle Bogen, der die Brücke umspannt. Nutze den Sonnenuntergang für einen Spaziergang über die Brücke und genieße von hier den Blick auf das Ufer des Tanaro. Wenn du genau hinsiehst, erkennst du sogar noch den alten Brückenkopf.

3 Geschichte auf dem Platz der Befreiung schnuppern

Die **Piazza della Libertà** *(GPS 44.912975, 8.616340)* bietet dir direkt eine ganze Palette an Highlights. So kannst du hier am Rathaus vorbeischlendern und den Palazzo Ghilini aus der Nähe bewundern. Lass den Alltag von Alessandria bei einer Rast im Caffè Teatro auf dich wirken.

Insider-Tipp
Fest der Hoffnung

Die „Wiedergeburt" nach der großen Flut 1994 feiert Alessandria mit der ***Festa di Borgo Rovereto*** *an jedem dritten Wochenende im Mai (festadiborgorovereto.it).*

4 Wein so weit das Auge reicht

Alessandria liegt im Herzen einer der fruchtbarsten Weinregionen Italiens, dem **Monferrato.** In vielen Weinkellern kannst

REGENTAG – UND NUN?

5 Die Geschichte vom alten Drahtesel hören

Alessandria als Fahrradmetropole der Region? Im **Museo AcdB** (Alessandria Città della Bicicletta) erfährst du alles über die Geschichte des ersten Fahrrads in Alessandria und kannst durch wunderbare Fotos aus vergangenen Jahrzehnten mehr über Lebensart und Historie der piemontesischen Stadt erfahren. ***Infos:*** *Sa/So 10–13 u. 16–19 Uhr | Eintritt frei | Via San Lorenzo, 21/23 | Alessandria | acdbmuseo.it*

du den köstlichen Wein direkt an der Quelle probieren. Besonders schön ist das **Weingut Cinque Quinti,** das seit vier Generationen geführt wird. Hier kannst du nicht nur die uralten Infernot-Weinkeller besichtigen, sondern auch neue Weinkreationen probieren. ***Infos:*** *Cinque Quinti | Mo–Fr 9.30–12.30 u. 14–18, Sa–So 10–18 Uhr | Via Dante Barbano, 46 | Cella Monte | Tel. +39 37 91 40 93 81 | cinque quinti.com* ***Anfahrt:*** *34 km nordwestlich von Alessandria | über die SP50 in 38 Min.*

ESSEN & TRINKEN

6 Il Vicoletto

Im Il Vicoletto wird die regionale Kochkunst besonders großgeschrieben. Probiere unbedingt das *pollo alla marengo alla maniera del Vicoletto* (geschmortes Hähnchen mit Tomaten, Ei und Garnelen) oder das *brasato di cervo con polenta* (geschmortes Rindfleisch mit Polenta) – beide Gerichte sind typisch für Alessandria. ***Infos:*** *Do–Di 12– 14.30 u. 19.30–21.30 Uhr | Vicolo del Pocivo, 3 | Alessandria | Tel. +39 03 23 93 21 02 | Facebook: Il Vicoletto | €€*

7 Antica Caffetteria

Mitten in der Fußgängerzone einen Espresso trinken und sich dazu einen *bacio di dama* schmecken lassen. Hier ist auch ein prima Aperitifspot. ***Infos:*** *Via Milano, 8 | Alessandria*

8 Pasticceria Bonadeo

Kennst du die Baci di Dama? Das Gebäck ist typisch für die Region rund um Alessandria. Dabei handelt es sich um Kekse, die mit einer Haselnusscreme aus piemontesischen Haselnüssen gefüllt sind. Besonders gut schmecken sie hier ***Infos:*** *Di–Sa 7.30–19.30, So 8–13*

CHAPEAU

In der Casa del Borsalino von Alessandria begann die Weltkarriere des berühmten Huts.

Uhr | Galleria Guerci, 5 | Alessandria | pasticceriabonadeo.it

EINKAUFEN

9 Auf den Spuren des Borsalino

Der Hut hat es auf eine Menge berühmter Köpfe geschafft, von Alain Delon über Frank Sinatra bis hin zum King of Pop, Michael Jackson. Richtig berühmt geworden ist der Borsalinohut jedoch durch Humphrey Bogart und Ingrid Bergman in der Abschiedsszene des Films „Casablanca". 1857 gründete Giuseppe Borsalino seine Hutmanufaktur in Alessandria. Diese ist zwar seit 2017 insolvent, doch die Hüte kannst du immer noch in ihrer Heimat kaufen. Das perfekte Andenken, oder? ***Infos:*** *Di–Sa 9–12.30 u. 15–19.30, Mo 15–19.30 Uhr | Boutique Borsalino | Corso Roma, 20 | Alessandria | borsalino.com*

STELL- & CAMPINGPLÄTZE

10 Authentisch echt italienisch

Auf diesem Bauernhof schläfst du zusammen mit Kühen, Kälbern und den echt piemontesischen blonden Hühnern. Am Abend kannst du dich durch lokale Spezialitäten probieren – die zum Teil sogar aus eigenem Anbau kommen. Auf dem Hof gibt es zwei Stellplätze mit und etwa zehn Plätze ohne Stromanschluss. Eine Übernachtung kostet 10 € inkl. Dusche und WC.

Agriturismo Mangià ad Campagna ☼

€ | Str. Piccagallo, 19 | Castelnuovo
Tel. +39 38 91 35 89 19 | elilu.it
GPS 44.9454879,8.8971281

▶ **Größe:** *12 Stellplätze*
▶ **Ausstattung:** *WC, Strom, Wasser*

11 Einfach, aber praktisch

Wenn du wirklich nur einen kurzen Zwischenstopp in Alessandria planst, reicht dieser günstige Campingplatz aus. Manchmal ist es durch die Nähe zur Straße auch etwas laut, für eine Nacht auf der Durchreise reicht's aber.

Area Sosta Camper – Alessandria

€ | Viale Teresa Michel | Alessandria
GPS 44.9209, 8.6270

▶ **Größe:** *20 Stellplätze*

ÜBER STOCK & STEIN

Ob auf dem Bike oder zu Fuß, wunderbare Ausblicke sind dir im Nationalpark Gran Paradiso garantiert.

Modehighlight trifft Gipfelfreuden
Von Mailand ins Aostatal

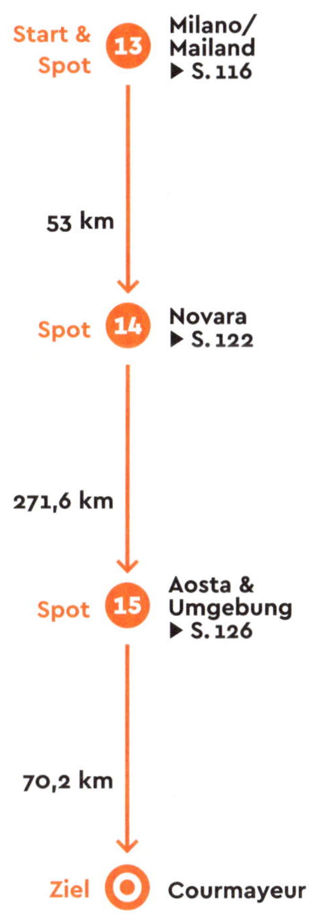

Auf dieser Tour muss man sich gut anziehen. Schick, damit man in der Modehauptstadt Mailand nicht aus dem Rahmen fällt, und warm, weil es hinauf in die italienischen Westalpen geht. Nachdem du die quirlige Hauptstadt der Lombardei mit dem berühmten Dom und den vielen romantischen Plätzen unsicher gemacht hast, geht es raus aufs Land in die Provinz Novara, bevor du von den schneebedeckten Gipfeln rund ums Aostatal begrüßt wirst – vom Matterhorn über den Mont Blanc bis zum Hausberg von Aosta, dem Gran Paradiso. Vorsicht: Es wird abenteuerlich!

Strecke 394,8 km

Reine Fahrzeit 9 Std. 45 Min.

Streckenprofil Größtenteils Autobahn, von Aosta nach Cogne gut geteerte Bergstraßen

Empfohlene Dauer 8 Tage

Anschlusstouren A B C E

FACTS

Tour D im Überblick

Tour-Highlights

Im wunderbaren *Breraviertel* in *Mailand* einzigartige Kunst bestaunen ▶ **S. 118**

Auf dem legendären *Cimitero Monumentale* in *Mailand* nach Gräbern berühmter Familien Ausschau halten ▶ **S. 119**

Der Herkunft des Bitters im *Caffè Borsa* in *Novara* auf der Spur sein ▶ **S. 124**

Auf der Suche nach Steinböcken durch den *Nationalpark Gran Paradiso* wandern ▶ **S. 127**

Maggia
Claro
A13
A2
Roveredo
Varzo
A13
Losone
Locarno
Bellinzona
Crevoladossola
Gambarogno
Domodossola
Capriasca
Cannobio
SS33
Comano
Porlezza
Premosello-
Chiovenda
Lago
Maggiore
Luino
Agno
LUGANO
Pieve Vergonte
Lago
di Lugano
Ornavasso /
Urnafasch
Mergozzo
Verbania
Cunardo
Lezzeno
Gravellona Toce
A2
Baveno
Laveno
Omegna
Stresa
Induno
Olona
Mendrisio
Lago
di Como
Besozzo
A26
Lesa
Varallo
Lago
d'Orta
Armeno
Lago
di Varese
VARESE
COMO
Invorio
A60
Appiano
Gentile
Quarona
Sesto
Calende
Gozzano
Arona
Tradate
Lomazzo
Cantù
Borgosesia
A8
A8
A9
Coggiola
Borgomanero
Somma
Lombardo
Cassano
Fagnano
Pray
A36
Gallarate
SS35
Gattinara
A26
Brusnengo
Ghemme
SS336dir
Saronno
BIELLA
A8
Oleggio
Cossato
SP142Var
Castano
Primo
A52
Sandigliano
Novara
Seite 122
Rho
Cameri
Arluno
Galliate
Sedriano
Lago di Viverone
A4
Magenta
A50
14
A7
Trecate
Milano / Mailand
Seite 116
13
Santhià
Borgo Vercelli
A4
Tronzano
Vercellese
VERCELLI
Vigevano
Motta
Visconti
Cigliano
Bianzè
Palestro
Robbio
Livorno Ferraris
Mortara
Gambolò
A53
Crescentino
Trino
Garlasco
PAVIA
Casale
Monferrato
Cavagnolo
Mede
Italia
A7
A26
Valenza
A21
10 km

D Tourenverlauf

Start & Spot 13

Milano/Mailand

Zwischen Modezaren und Fußballnarren ▶ **S. 116**

Optionaler Anschluss: Tour A, Tour B, Tour C

53 km

Jetzt heißt es: raus aus der Großstadt und ab aufs Land. Verlasse dafür Mailand auf der E64, die kurz nach der Stadtgrenze in die A4 übergeht, lasse die Hochhäuser hinter dir, folge der Autostrada 37 Kilometer bis zur Tangenziale Est in Novara und nimm dort die Ausfahrt Novara Est. Nun fährst du in südlicher Richtung auf der Tangenziale Est immer geradeaus in die Innenstadt von Novara. Dabei geht die Straße erst in die Via Mario Pavesi, dann in den Corso della Vittoria und schließlich in den Corso Cavour über.

Spot 14

Novara

Bitter trifft Risotto ▶ **S. 122**

Optionaler Anschluss: Tour 

64 km

Von Novara aus nimmst du den Baluardo La Marmora bis zum Baluardo Massimo D'Azeglio, bevor es auf die SP11 geht – immer weiter in Richtung **Vercelli.** Die Stadt liegt mit ihren 45 200 Einwohnern am westlichen Ende der Po-Ebene und ist vor allem für eine Sache bekannt: Reis. Erste Reisfelder kannst du, je nach Jahreszeit, übrigens auch schon auf dem Weg nach Vercelli erkennen. Plane unbedingt einen kurzen Stopp in der Kleinstadt ein – auch wenn es nur für ein *Paniscia-Risotto* ist *(kostenlose Parkplätze an der Piazza d'Angennes | Vercelli | GPS 45.3294435, 8.4201836)*. Diese Art von Risotto wird mit der regionalen Salami, der *Salam dl Doja*, und Bohnen aus der Vercelliebene zubereitet. Der Geschmack von Vercelli? Befindet sich jetzt ganz sicher auf deinem Teller. Im **Ristorante Vecchia Brenta** kannst du ganz besonders leckere *paniscia* probieren *(Do–Mo 12–14 u. 20–22, Mi 12–14 Uhr | Via Morosone, 6 | Vercelli | ristorantevecchiabrenta.it)*. Frisch gestärkt geht es jetzt von Vercelli weiter zum Lago di Viverone. Die landschaftlich schönste Strecke führt dich weiter über die SP11. In Tronzano Vercellese fährst du auf die SP3 und dann weiter auf SP42. Von hier aus geht es zunächst durch San Pietro und Madonna, bevor du weiter auf die SP593 und dann auf die SP228 fährst und nun den See schon von Weitem erkennen solltest.

Lago di Viverone

Er ist ein kleiner Geheimtipp und einer der wärmsten Seen Europas, der Lago di Viverone. Der in Urzeiten aus Gletschern entstandene See liegt im Herzen des Piemont und in Sichtweite der Alpen. Mit einer Länge von 3,5 und einer Breite von 2,6 Kilometern ist der kristallklare See nicht nur zum Baden, sondern auch für Radtouren beliebt. Außerdem kannst du dich hier mit Hilfe von **Le ski Nautique, school of wakeboarding** im Wakeboarden oder Wasserski ausprobieren.

i *Mo–Fr 10–20 u Sa–So 9.30–20.30 Uhr | Via Lungo Lago, 22 | Viverone | Tel. +39 34 87 08 97 65 | wakeboarditalia.it*

P *Gebührenpflichtige Parkplätze für 40 Wohnmobile am Ortsrand von Veneria | in Seenähe und teilweise schattig | GPS 45.4071463, 8.036018.*

Insider-Tipp
Was auf die Ohren

Alljährlich im Sommer – zwischen Ende Juli und Ende August – findet am Viveronesee ein Musikfestival mit klassischer Musik statt.

REISKULTUR

Auf den Feldern um Vercelli werden die besten italienischen Reissorten angebaut.

Übernachten am See
Gut und günstig ist die **Area sosta Camper in Anzasco:** ein überwiegend ebener und teilweise schattiger Stellplatz für 20 Womos nur 1,5 Kilometer von Viverone entfernt. Kiosk, Imbiss sowie Frisch- und Grauwasserentsorgung findest du vor Ort und zum See mit Badestrand, vielen Wassersportmöglichkeiten, Wander- und Radwegen sind es nur 200 Meter.

i Strada per Viverone, 83A | Anzasco | GPS 45.4322233, 8.0296765.

68,5 km Für deine Weiterfahrt ins Aostatal folgst du der SP 228 bis Ivrea und dann der SS26 weiter bis **Pont-Saint-Martin,** wo du das Piemont verlässt. Hier lohnt sich ein Abstecher ins von den Walsern erschlossene **Val Gressoney** südlich des Monte-Rosa-Massivs. Zunächst steil bergan geht es nach rechts auf die SR44, die vom Flusslauf des Lys bis hin zum Lysgletscher begleitet wird. Du durchfährst die Gemeinde **Gressoney-Saint-Jean** und gelangst nach knapp 1,5 Stunden nach **Gressoney-La-Trinité,** der zweiten Gemeinde des Tals. Weitere 6 Minuten brauchst du über die SR43 bis zum Talschluss in **Staffal.**

Lago Gabiet

Im oberen Gressoneytal erwartet dich ein grünes Naturbecken mit Postkartenlandschaften, aus kleinen und großen Alpenseen, knallgrünen Wäldern und weiß im Sonnenlicht schillernden Berggipfeln. Am besten erkundest du die Landschaft auf einer Wanderung zum **Gabietsee,** der auf 2371 Metern liegt. Dafür kannst du dich entweder komplett an die Wanderwege (4, 5, 6 oder 7) halten oder aber mit der Kabinenseilbahn Staffal-Gabiet bzw. mit dem Sessellift Punta Joland ab Edelboden Superiore fahren. Von Grassoney-La-Trinité bis zum Gabietsee sind es 2,5 Stunden. Auf dem Weg kannst du dich auf die Aussicht auf den Monte-Rosa-Massiv freuen.

P *Kostenloses Parken auf dem Parcheggio Località Staffal | Località Staffal, 17 | Gressoney-La-Trinitè | GPS 45.858182, 7.813146.*

91,1 km Bist du bereit für einen der schönsten Wege auf dieser Tour? Die Fahrt vom Val di Gressoney in das Nachbartal Valtournenche führt dich einmal quer durch Bilderbuchlandschaften. Dabei immer im Blick: die gigantischen Alpengipfel. Zunächst folgst du der SR44 zum Talausgang zurück. Im Tal bei Pont-Saint-Martin angekommen, hast du die Wahl zwischen der schnelleren Mautstrecke über die E25 oder der gemütlicheren Variante über die SS26, die dich beide tiefer ins Aostatal führen. Von nun an begleiten neben Bergen auch zahlreiche Burgen deinen Weg, die auf die Geschichte der Region zurückzuführen sind. Ein toller Stopp ist das **Castello Gamba** *(Di–So 10–13 u. 14–17 Uhr | Erwachsene 6, Kinder 4 € | Via Italo Mus, 8 | Châtillon | castellogamba.vda.it)*. Die Burg mit einem Museum für moderne und zeitgenössische Kunst aus dem 20. Jh. liegt auf einem Hügel inmitten eines Park.

Insider-Tipp
Grüner Gigant

Ein Spaziergang durch den 7 Hektar großen Park lohnt schon, um den 37 Meter hohen Riesenmammutbaum von 1888 zu bestaunen.

Vom Castello di Baron Gamba folgst du nun der SR46 ins **Valtournenche.** Die 2263-Einwohner-Gemeinde gilt als Wiege des Alpinismus in Italien. Hier starteten bereits im 19. Jh. die ersten Expeditionen zum Matterhorn. Nach knapp 40 Minuten erreicht man **Breuil-Cervinia,** den höchstgelegenen Ort des Valtournenche, der als Basislager für Matterhornbesteigungen gilt.

Lago Blu

Keine Sorge, wenn du nicht dem Alpinismus verfallen bist, hält das Valtournenche eine besondere Attraktion für dich bereit, denn der **Lago Blu** lockt mit einem besonderen Postkartenmotiv. Er liegt etwa eine halbe Stunde zu Fuß oder ein paar Minuten mit dem Womo vom Zentrum von Breuil-Cervinia entfernt. Der glasklare, von jahrhundertealten Lärchen umgebene Binnensee ist vor allem für die pittoreske Spiegelung der Matterhornspitze bekannt. Übernachten kannst du auf dem einfachen, dafür aber wunderschön gelegenen Wohnmobilstellplatz **Parcheggio Camper** in Cervinia *(Frazione Breuil-Cervinia | GPS 45.9258, 7.6201 | 7,80 €/24 Std.).*

48 km Über die SR46 fährst du zunächst in Richtung Châtillon. Von dort kannst du entweder die SS26 nehmen oder die E25, die parallel dazu verläuft. Sparfüchse aufgepasst: Die E25 ist eine Mautstraße, während du bei der SS26 die hübsche Aussicht kostenlos genießen kannst. Wenn du dir schon mal einen Überblick über die Gegend verschaffen willst, dann folgst du der Serpentinenstraße nach **Blavy.** Das minikleine Bergdorf hat nicht viel zu bieten, außer einer unauffälligen Dorfkirche. Wer aber ein paar wenige Serpentinen weiter fährt, erreicht einen **Picknickplatz,** der es in sich hat. Hier steht ein Tisch samt Bänken aus massivem Holz direkt am Hang und damit mit Blick auf Aosta und auf das Bergpanorama des Gran Paradiso *(GPS 45.77657, 7.33700).*

Spot 15 **Aosta & Umgebung**

Das ist ja die Höhe ▶ **S. 126**

36 km Von Aosta bieten sich zwei Möglichkeiten, bis in die äußersten Winkel des Tals vorzustoßen. Zum einen kann man über die SS27 und die T2 in einer knappen Stunde zum **Großen-Sankt-Bernhard-Pass** gelangen. **Achtung:** Der Pass ist ab Mitte Oktober über den Winter bis weit ins Frühjahr geschlossen! In dieser Zeit kann man nur durch den Tunnel in die Schweiz gelangen.

Hospice du Grand-Saint-Bernard

Auf 2473 Metern Höhe erhebt sich, bereits auf der Schweizer Seite, das altehrwürdige **Hospiz auf dem Großen St. Bernhard.** Spektakulär ist aber nicht nur die von Chorherren betriebene Unterkunft an sich, sondern vor allem der Große-Sankt-Bernhard-Pass, der bereits im Römischen Reich die wichtigste Verbindung zwischen der Westschweiz und Italien war. Vom Alpenpass genießt du einen grandiosen Ausblick über die Bergwelt. Aber auch das **Hospizmuseum** mit antiken Gegenständen aus römischer

Zeit und zahlreichen Skulpturen und Münzen lohnt einen Besuch, ebenso wie ein Abstecher in die Gemeinschaftsküche.

i nur im Sommer geöffnet | Bourg-Saint-Pierre/CH | gsbernard.com

34,2 km Die andere Möglichkeit führt dich von Aosta aus über die SS26 und die E35 in das Örtchen **Courmayeur,** das zu den ältesten und vor allem berühmtesten Tourismusorten in den Alpen gehört.

Ziel Courmayeur

Courmayeur liegt nur 10 Kilometer vom **Monte Bianco** bzw. **Mont Blanc** entfernt und gilt als perfekter Ausgangspunkt für Ausflüge zur wohl berühmtesten Schneespitze der Alpen. Die perfekte Art und Weise, um dem Monte Bianco/Mont Blanc wirklich nah zu kommen, ist auf einer Fahrt mit dem **Skyway Monte Bianco,** einer spektakulären Seilbahn. Dabei solltest du vor allem bis zur letzten, kristallförmigen Station fahren, von der aus du einen 360-Grad-Blick über die Viertausender der Westalpen hast – dem Mont Blanc, dem Monte Rosa, dem Matterhorn, dem Gran Paradiso und dem Grand Combin.

i Skyway Monte Bianco | ganzjährig geöffnet | tgl. 8.30–16.30 Uhr | ab 23 € | Strada Statale 26 dir, n° 48 – Entréves | montebianco.com/en

BEST VIEW …

… aufs Aostatal und den Gran Paradiso hast du vom Picknickplatz im winzigen Blavy.

Milano/Mailand

Zwischen Modezaren und Fußballnarren

Von Versace bis Dolce & Gabbana: Mailand ist der Hauptsitz vieler Modeimperien. Aber wenn du nun denkst, dieser Status würde sich mit Camping nicht vereinen lassen, liegst du falsch. Im Gegenteil: Die lombardische Hauptstadt ist ein perfekter Startpunkt für einen facettenreichen Roadtrip. Erst einmal solltest du aber aufs Dach des Doms klettern, das beeindruckendste Hochhaus der Welt bestaunen und den Abend an den romantischen Kanälen Mailands ausklingen lassen. Andiamo!

P *Eine gute Anbindung in die Innenstadt bietet New Park Milano | Via Luigi Tüköry, 6 | 25 €/24 Std. | GPS 45.5116031, 9.1582033.*

KERNKOMPETENZ

Beliebtester Sightseeing-Ausgangspunkt in Mailand ist die Piazza del Duomo.

AKTIVITÄTEN & SIGHTSEEING

1 Den Mailänder Dom erklimmen

Kirchen besichtigen kann jeder. Im Herzen Mailands aber kannst du dem **Duomo** sogar aufs Dach steigen. Er ist aus Candogliamarmor vom Lago Maggiore erbaut und erlaubt an der Nordseite einen Aufstieg über eine Treppe und einen Fahrstuhl. Oben kannst du die 3400 Statuen bestaunen und auf den Domterrassen spazieren gehen. Ausblicke bis zu den Alpen sind inklusive. ***Infos:*** *tgl. 9–19 Uhr | Eintritt mit Domterrasse und Museum: Erwachsene 15, ermäßigt 7 € | Piazza del Duomo | Milano | duomomilano.it*

2 Dein grünes Wunder erleben

In Mailands Stadtteil Porta Nuova wartet ein Augenschmaus für Architekturfans: der **Bosco Verticale** und damit eines der beeindruckendsten Hochhäuser der Welt. Dem Architekten Stefano Boeri gelang es, einen vertikalen Garten an ein hochmodernes Gebäude zu bauen. Auf rund 400 Terrassen entlang der Fassade wachsen 800 Bäume, 4500 Sträucher und über 15 000 andere Grünpflanzen und Kräuter. ***Infos:*** *Via Gaetano de Castillia, 11 | Milano | mailand.de/bosco-verticale*

3 Durch die Innenstadt flanieren

Mailand ist sehen und gesehen werden – am besten bei einem gemütlichen Spaziergang. Starte an der mittelalterlichen **Piazza dei Mercanti,** schlendere über die Piazza del Duomo und biege nach links und spaziere durch die prachtvolle **Galleria Vittorio Emanuele II** aus dem 19. Jh. Halte dich links, dann erreichst du die berühmte **Mailänder Scala,** eines der bedeutendsten Opernhäuser der Welt.

Insider-Tipp

Bitte einen Bitter

Genieße einen echten Campari in der Bar Camparino in der Galleria Vittorio Emanuele II.

4 Mailänder Fußballgeschichte erleben

San Siro – der bloße Klang dieses Namens lässt Fußballherzen höher schlagen. Der Begriff aus dem Volksmund steht für das legendäre Fußballstadion Mailands, das offiziell **Giuseppe-Meazza-Stadion** heißt. Wenn du den Legenden italienischer Fußballhistorie auf die Spur kommen willst, kannst du Stadion und Museum auf einer Tour aus der Nähe erleben und einen Blick in die Katakomben werfen. ***Infos:*** *Touren 10–18 Uhr | Erwachsene 30, ermäßigt 23 € | Piazzale Angelo Moratti | Milano | sansirostadium.com*

5 Den Mailänder Triumphbogen besichtigen

Nicht nur Paris hat einen berühmten Triumphbogen. Auch Mailand kann mit dem 25 Meter hohen **Arco della Pace** *(GPS 45.47569, 9.17245)* auf der **Piazza Sempione** punkten, der euch ganz nebenbei etwas über Napoleon Bonaparte erzählt: Während der Bau als Symbol für dessen Triumph über Italien bereits 1806 begann, wurde er erst unter Kaiser Franz I. 1838 fertiggestellt. Und weil er stattdessen an den europäischen Frieden von 1815 erinnern sollte, benannte man ihn kurzerhand in Friedensbogen um. Komm abends in eine der umliegenden Bars, wenn der Arco della Pace farbenfroh beleuchtet wird.

6 Im Castello Sforzesco in alte Zeiten eintauchen

Durch den großen Parco Sempione kannst du direkt zum **Castello Sforzesco** schlendern. Das Renaissancebollwerk wurde auf einer Burg der Familie Visconti errichtet und sollte Feinde und unzufriedene Mailänder fernhalten. Nach der Zerstörung Mitte des 15. Jh. ließ Francesco Sforza die Burg noch größer und prachtvoller wieder aufbauen. Heute kannst du im Schloss diverse erstklassige Museen entdecken. ***Infos:*** *tgl. 7–19.30 Uhr | Castello kostenlos; Eintritt Museum: Erwachsene 5, ermäßigt 3 € | freier Eintritt jeden 1. u. 3. Di ab 14 Uhr und jeden 1. So im Monat | Piazza Castello | Milano | milanocastello.it*

7 Haute-Couture-Luft schnuppern

Wenn du wissen willst, wo die reichen Mailänder shoppen gehen, musst du ins **Quadrilatero della Moda,** dem Viereck der Mode, dass durch eben vier Straßen begrenzt wird: Via Monte Napoleone, Via Manzoni, Via della Spiga und Corso Venezia. In diesem Karree tummelt sich die Crème de la Crème der italienischen Modemarken. Keine Sorge, man muss nicht gleich die Kreditkarte glühen lassen, selbst ein Spaziergang durch das Modeviertel hat seinen Charme.

8 Große Kunst in Brera bewundern

Im hübschen **Breraviertel** liegt Mailands Herz für Kunst und Kultur. Dort, wo die Via Brera für Autos gesperrt wurde, findest du schicke Boutiquen, kunstvolle Galerien und gute Restaurants. In der **Pinacoteca di Brera,** einem der wichtigsten Museen Mailands, wird eine einzigartige Kunstsammlung präsentiert. Nimm dir Zeit für die 400 Gemälde (15–21. Jh.), darunter die berühmte „Vermählung Mariä" von Raffael.

REGENTAG – UND NUN?

9 Das Abendmahl mit eigenen Augen sehen

Solltest du in Mailand einen Schlechtwettertag erwischen, gibt es ein Must-see, das zu den größten Sehenswürdigkeiten Italiens zählt, und nicht nur, weil es im Zweiten Weltkrieg einen Bombeneinschlag komplett unversehrt überstand. „Das letzte Abendmahl" des italienischen Malers Leonardo da Vinci hängt in der Kirche **Santa Maria delle Grazie** bzw. im angeschlossenen Kloster. Besucher werden im 15-Minuten-Takt in Gruppen von 25 Personen in das Refektorium des Klosters geschleust. ***Infos:*** *Di–Sa 8.15–19 u. So 14–19 Uhr | Erwachsene 15, 18–25 Jahre 2 € | Piazza di Santa Maria delle Grazie, 2 | Milano | cenacolovinciano.org*

Infos: Di–So 8.30–19.15, jeder 3. Do im Monat bis 22.20 Uhr; freier Eintritt mit Reservierung jeden 1. So im Monat | Erwachsene 15, ermäßigt 10 € | Via Brera, 28 | Milano | pinacotecabrera.org

10 Über einen legendären Friedhof spazieren

Magisch – ein Besuch des Monumentalfriedhofs von Mailand. Die mit griechischen Tempeln, kunstvollen Obelisken und beeindruckenden, fast lebensechten Skulpturen ausgestatteten Grabstätten der reichen und berühmten Mailänder Familien lassen eine sehr besondere Atmosphäre auf dem gegen Ende des 19. Jh. eröffneten **Cimitero Monumentale** entstehen. Halte Ausschau nach der Nachbildung des Letzten Abendmahls aus Bronze auf der Grabstätte, die einst der Familie Campari gehörte. Auf der Website findest du einen Gräberplan. ***Infos:*** *Di–So 8–18 Uhr | Eintritt frei | Piazzale Cimitero Monumentale | Milano | monumentale.comune.milano.it*

ESSEN & TRINKEN

11 Macelleria Popolare

Im **Mercato Comunale** findest du den „Volksmetzger" Mailands, der hochwertiges Fleisch von Tieren aus Weidehaltung verkauft und direkt zubereitet. Gegessen wird am Tresen oder am langen Tisch auf der Terrasse am Kanal. Hier zählt jede einzelne Geschmacksknospe. Der richtige Tropfen wird selbstverständlich dazu kredenzt. Na denn: *Buon appetito!* ***Infos:*** *Di–Fr 10–21.30 u. Sa 10–22 Uhr | Piazza Ventiquattro Maggio, 4 | Milano | Tel. +39 02 39 46 83 68 | €€*

12 El Brellin

Es ist nicht schwer, an den Navigli Mailands ein hübsches Lokal zu finden. Dieses sticht aber heraus: Wer die Mailänder Küche, allen voran das *risotto alla Milanese*, probieren will, sollte dafür den wundervoll verwachsenen Hinterhof dieses Lokals aufsuchen. Gute lokale Spei-

BIO-BESIEGELT

Exzellente Qualität ist in der Macelleria Popolare auf dem Mercato Comunale Ehrensache.

sen in Postkartenidylle. ***Infos:*** *Mo–Fr 19.30–23, u. Sa/So 12.30–15, 19.30–23 Uhr | Vicolo dei Lavandai, Alzaia Naviglio Grande, 14 | Milano | Tel. +39 02 58 10 13 51 | brellin.com | €€*

13 Bar Brera

Das kleine Bistro direkt an der Ecke der Kunstakademie eignet sich ideal für den (ersten) *aperitivo* des Abends. Hier sitzt du nicht nur mit Blick auf das quirlige Treiben auf der Straße, es gibt zum Aperol Spritz auch noch ein Minibuffet. ***Infos:*** *tgl. 6–2 Uhr | Via Brera, 23 | Milano | Tel. +39 02 87 70 91 | €*

EINKAUFEN

14 Chinatown

Nur London, San Francisco & Co. können Chinatown? Von wegen. Auch in Mailand gibt es ein Viertel, in dem vornehmlich Chinesen wohnen – und einkaufen. Für dich als Camper ist das der perfekte Ort, um dich mit Gewürzen aus Fernost einzudecken. Tipp: Besonders gut shoppen kannst du bei **KATHAY.** ***Infos:*** *Mo–Sa 9.30–19.30 u. So 10.30–19 Uhr | Via Luigi Canonica, 54 | Milano*

15 Panzerotti Luini

Wenn dich beim Sightseeing der kleine Hunger überkommt, findest du rechts vom Nordausgang der Galleria Vittorio Emanuele II diese beliebte Bäckerei. Seit 1949 werden hier die köstlichen apulischen Teigtaschen mit süßer und herzhafter Füllung verkauft. ***Infos:*** *Mo–Sa 10–20 Uhr | Via Santa Radegonda, 16 | Milano | luini.it*

AUSGEHEN & FEIERN

16 Navigli

Allabendlich trifft sich Mailand an den Navigli, einem System von Kanälen,

LOS GEHT'S

Wenn die Dämmerung hereinbricht, ruft man auf den Navigli zum *aperitivo*.

deren Bau vom 12. bis zum 19. Jh. dauerte. An den besonders geselligen **Naviglio Grande** und **Naviglio Pavese** reiht sich ein Restaurant an das nächste – perfekt für Barhopping. Das Schwierigste ist dabei nicht, das nächste Lokal zu finden, sondern ein Ende.

17 Teatro alla Scala

Wenn man schon in die Oper geht, dann doch gleich in die 1778 eröffnete **Mailänder Scala,** fünf Gehminuten nördlich des Domplatzes. Das Opernhaus, das von den Mailändern nur La Scala genannt wird, ist weltweit bekannt – vor allem für seine Opern, die besonders opulent inszeniert werden. Wer hier einmal auf der Bühne stand, hat es geschafft. ***Infos:*** *Via Filodrammatici, 2 | Milano | Infos zu Veranstaltungen unter teatroallascala.org*

STELL- & CAMPINGPLÄTZE

18 Der Entspannte

Warum in der City übernachten, wenn es einen ruhigen Campingplatz im Grünen gibt? Dieser Platz liegt nur 7 Kilometer vom Zentrum entfernt und ist mit dem Bus gut angebunden. Es gibt Waschräume mit Toiletten, Duschen & Co. Fußballfans finden das San-Siro-Stadion direkt um die Ecke und für die Abkühlung liegt ein Wasserpark in der Nähe. Fahrräder und Mopeds können vor Ort gemietet werden.

Camping Village Città di Milano

€€ | Via Gaetano Airaghi, 61 | Milano
Tel. +39 02 48 20 70 17 | campingmilano.it
GPS 45.473611,9.0827972

- **Größe:** *130 Stellplätze; Mietunterkünfte: Zimmer, Bungalows und Ecosuites*
- **Ausstattung:** *Grill- und Picknickplätze, Sauna, Basketball- und Volleyballplatz, Tischtennis, Spielplatz und Streichelzoo*

19 Der Einfache

Einfacher Stellplatz mit betoniertem Untergrund auf einem Parkplatz ohne Schatten. Videoüberwachung und Stellplatzreservierung. ÖPNV-Anschluss gibt es in der Nähe. Der Preis pro Nacht inklusive zwei Erwachsenen liegt bei 25 €.

New Park Milano

€€ | Via Luigi Tüköry, 6 | Milano
Tel. +39 026 45 30 53 | newparkmilano.eu
GPS 45.5116031,9.1582033

- **Größe:** *30 Stellplätze*
- **Ausstattung:** *Strom, WC, Dusche, WLAN, Wasserver- und -entsorgung*

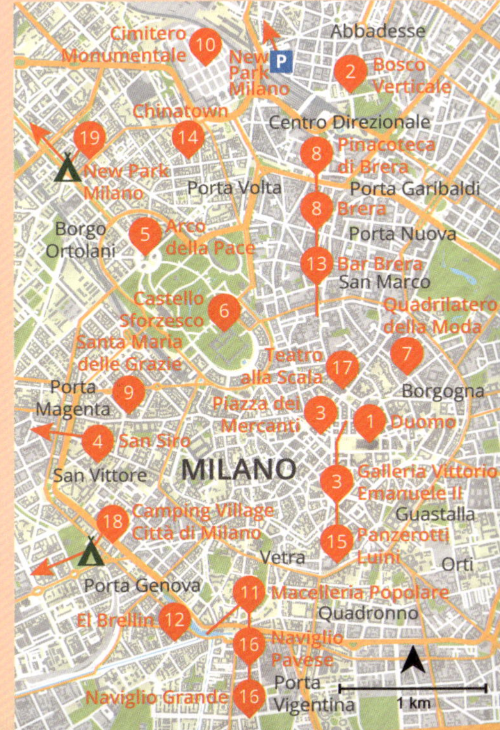

Novara
Bitter trifft Risotto

Die Kuppel der Basilika San Gaudenzio begrüßt die Besucher von Novara schon von Weitem. Dabei hat die zweitgrößte Stadt im Piemont mehr zu bieten als nur das Wahrzeichen: zum Beispiel einen verträumten Stadtkern und das wichtigste historische Theater im Piemont. Eingebettet zwischen den Flüssen Terdoppio und Agogna, hat Novara eine abwechslungsreiche Geschichte, die von den Galliern, Kelten, Römern und Savoyern erzählt – und von Gaspare Campari, der hier 1860 seinen berühmten Bitter erfand. Nicht zuletzt bietet Novara auch ein Freudenfest für die Geschmacksknospen: mit dem regionalen *risotto*.

P *Zentral parken auf dem Parkplatz P9, direkt an der Piazza Martiri della Libertà am Eingang zum Stadtpark | GPS 45.445541, 8.6151769.*

KÜNSTLERISCH WERTVOLL …

… ist der Besuch der Basilica di San Gaudenzio in Novara.

AKTIVITÄTEN & SIGHTSEEING

1 In vergangene Zeiten eintauchen

Lust auf eine kleine Zeitreise? Dann statte dem **Castello Sforcesco** in **Vigevano** einen Besuch ab. Den massiven, von einem weiten Graben eingefassten Bau ließ der Mailänder Herzog Galeazzo Maria Visconti im Jahr 1476 auf einer vorherigen Militärburg der Visconti errichten. Im Südwestturm befindet sich eine Bibliothek mit über 20 000 Büchern und Wiegendrucken aus dem 16. Jh. ***Infos:*** *tgl. 9–18 Uhr | Erwachsene 15 , ermäßigt 10 € | Via F. Maggi, 7 | Vigevano* ***Anfahrt:*** *30 km über die SP4* ***Parken:*** *Parcheggio Piazza Sant' Ambrogio, 22 | Vigevano | GPS 45.317350, 8.860387*

2 Eine Auszeit in der Natur nehmen

Sollte es dir in der Stadt zu bunt und laut werden, fahre einfach in den schönen **Parco Naturale Valle del Ticino.** Im UNESCO-geschützten Biosphärenreservat entlang des Ticinoflusses und umgeben von Landwirtschaft auf den besonders fruchtbaren Böden der Padana, lässt es sich hervorragend Wandern und Fahrradfahren. ***Infos:*** *Via del Fiume, Cuggiono* ***Anfahrt:*** *22,8 km über die SS341.* ***Parken:*** *beim Ristorante Da Bruno | GPS 45.4957719, 8.7727027*

Insider-Tipp **Abkühlung**

Im ***Parco delle Lame del Sesia*** *kannst du an einem heißen Tag direkt am Sesia-Fluss entspannen.*

3 Die Basilika bestaunen

Kein Aufenthalt in Novara kommt ohne einen Besuch der **Basilica di San Gaudenzio** aus, dem kunsthistorischen Highlight der Stadt. Vom Architekten Alessandro Antonelli erhielt sie 1878 eine 121 Meter hohe Kuppel im neoklassizistischen Stil, die nicht zufällig an die Mole Antonelliana in Turin erinnert. Auch der Glockenturm von Benedetto Alfieri aus dem 18. Jh. und die Schätze in der Basilika sind einen Besuch wert. ***Infos:*** *tgl. 8–12 u. 14.30–19 Uhr | Via San Gaudenzio, 22 | Novara*

4 Durch die Säulengänge spazieren

Gerade im Hochsommer kann es in der Region Novara ganz schön heiß werden.

REGENTAG – UND NUN?

5 Sich Zeit für die Kunst nehmen

Novara kann Kunst – und wie! Die **Galleria d'Arte Moderna Paolo e Adele Giannoni** gilt als eine der wichtigsten Sammlungen von Kunstwerken des späten 19. und frühen 20. Jh. im ganzen Piemont. Sie wurde der Stadt in den 1930er-Jahren von Alfredo Giannoni geschenkt und beherbergt heute 260 Kunstwerke namhafter Künstler wie Plinio Nomellini, Giovanni Fattori und Pietro Gaudenzi. ***Infos:*** *Di–So 10–19 Uhr | Erwachsene 5, ermäßigt 3 € | Via Fratelli Rosselli, 20 | Novara | galleriagiannoni.it*

Praktischerweise sind viele Hauptwege der Stadt durch überdachte Säulengänge verbunden. Starte an der arkadengesäumten **Piazza Martiri della Libertà** und spaziere am Teatro Coccia vorbei zur Kathedrale von Novara, die in der zweiten Hälfte des 19. Jh. auf den Überresten aus romanischer Zeit erbaut wurde. Einige Meter weiter erreichst du den schönsten Platz Novaras, die **Piazza delle Erbe** (offiziell: Piazza Cesare Battisti) mit seinen gemütlichen Arkaden und Straßencafés.

ESSEN & TRINKEN

6 Circolo della Paniscia

Im Inneren des Restaurants scheint die Zeit stehengeblieben zu sein. Es gibt nur wenige Gerichte, davon aber eins, was berühmt ist: die *paniscia*. Dabei handelt es sich um eine lokale Risottozubereitung mit Bohnen und Fleisch aus einer großen Auflaufform, aus der man sich selbst auf den Teller schöpft. ***Infos:*** *Mi–Mo 12–14.15, Mi–Sa 20–22.30 Uhr | Via Perazzi, 1/f | Novara | Tel. +39 03 21 61 31 56 | circolodellapaniscia.com | €€*

7 Cannavacciulo

Besitzer des Cafes & Bistros ist Sternekoch Antonio Cannavacciulo, der auch in Orta San Guilia am Ortasee *(▸ S. 47)* seine beliebte Eisdiele hat. In Novara begeistert er mit exzellenter und kreativer Küche in schönem Ambiente – von mediterran bis Meeresfrüchte. ***Infos:*** *Di–Fr 7.30–24, Sa/So 8–24 Uhr | Piazza Martiri della Libertà, 1 | Novara | Tel. +39 03 21 61 21 09 | cannavacciuolobistrot.it | €€*

8 Caffè Borsa

Hier kannst du den berühmten Bitterlikör stilecht probieren, denn Gaspare Campari entwickelte ab 1860 die Rezepte für den berühmten Campari Bitter in seiner Heimatstadt. Obwohl das Unternehmen schon zwei Jahre später nach Mailand zog und in der Galleria Vittorio Emanuele II das berühmte Café Campari eröffnete, gehört die Herkunftsgeschichte bis heute

LOKALE SPEZIALITÄTEN

Zum regionalen Reisgericht schmeckt ein gutes Glas Wein.

der Stadt Novara. ***Infos:*** *Di–So 12–15 u. 19–23 Uhr | Via Fratelli Rosselli, 11 | Novara | Tel. +39 03 21 62 02 37 | ristorantepizzeriamarechiaro.com | €€*

EINKAUFEN

9 Tavoli in Salumeria Moroni

Die Idee zu diesem Lokal entstand, als Marco Moroni beschloss, seine Leidenschaft für Wurstwaren, Käse und Gastronomie an einem Ort zu verwirklichen. Hier kannst du einfache Gerichte, Sandwiches, Wurst- und Käseplatten für einen schnellen Mittagssnack oder einen Aperitif mit Freunden genießen. Das Beste ist aber: Alle Delikatessen kann man auch mitnehmen. ***Infos:*** *Di–Fr 12–15, Mi–Fr 18.30–22.30, Sa 18.30–22.30 Uhr | Via degli Avogadro, 5b | Novara*

STELL- & CAMPINGPLÄTZE

10 Übernachten am Fluss

Der Campingplatz liegt 12 Kilometer nordöstlich von Novara bei Galliate und bietet neben einem herrlichen Blick auf den Fluss Ticino auch einen saisonalen Außenpool und eigenemStrandbereich.

Camping Playa di Valverde Campeggio Galliate

€€ | Via del Mezzanino località Ponte Ticino | Galliate/NO | Tel. +39 03 21 86 10 54 | playadivalverde.com
GPS 45.5038609, 8.7231983

▸ **Größe:** *50 Stellplätze; Mietunterkünfte: Bungalows*
▸ **Ausstattung:** *Restaurant, Bar, Garten, Kinderspielplatz*

11 Übernachten am Lago Maggiore

Auf dem Campingplatz am Südzipfel des Lago Maggiore stehst du schattig auf grasbewachsenen Stellplätzen mit Stromanschluss direkt am Seeufer mit Strand.

Camping Lido Verbano

€€ | Via Sempione, 100 | Castelletto sopra Ticino
Tel. +39 03 31 92 35 42 | campinglidoverbano.com
GPS 45.7204622, 8.6156617

▸ **Größe:** *60 Stellplätze*
▸ **Ausstattung:** *Kinderanimation, Wakeboardschule, Bootsverleih*

Aosta & Umgebung
Das ist ja die Höhe

Das Aostatal (italienisch Valle d'Aosta, französisch Vallée d'Aoste) ist noch auf wenigen touristischen Landkarten zu finden. Dabei versprüht die kleinste Region Italiens am Schnürsenkel des Stiefels einen ganz eigenen Charme: geprägt von verschiedenen sprachlichen Einflüssen, von absoluter Abgeschiedenheit und von den Tapetenpanoramen der umliegenden Bergkolosse – allen voran dem Gran Paradiso, dem höchsten Berg auf italienischem Boden. Der perfekte Startpunkt für eine Erkundung der Region ist die Stadt Aosta selbst, die sich vom Talboden an der Dora Baltea bis zur Spitze des Aussichtsbergs Pointe de Chaligne auf 2607 Meter über dem Meerespiegel erstreckt.

P *Zentral parken in der Camper Parking Area – Camper Park | Via Caduti del Lavoro, 15 | Aosta | große, asphaltierte Stellplätze | wenige Minuten zur Fußgängerzone | GPS 45.736120, 7.330083.*

AUF SCHUSTERS RAPPEN

Gerade im Frühling laden die Wiesen und Wälder des Gran Paradiso Nationalparks um Cogne zum Wandern ein.

AKTIVITÄTEN & SIGHTSEEING

1 Durch Aosta bummeln

Die Hauptschlagader der 34 000-Einwohner-Stadt ist die quirlige **Fußgängerzone Via Sant'Anselmo** im historischen Stadtkern, der perfekte Ausgangspunkt für einen ausgedehnten Bummel. Wer dabei nicht ahnungslos an den Sehenswürdigkeiten vorbeilaufen will, kann sich auf einer Führung von Francesca oder Hanna die Sehenswürdigkeiten der Altstadt erschließen lassen. Dabei lernt man Wissenswertes über die Highlights – und zwar direkt von echten Insidern. ***Infos:*** *tgl. Okt.–März 10–13 u. 14–17, tgl. April–Sept. 9–19 Uhr | Erwachsene 10, ermäßigt 8 € | stadtfuehrung-aosta.com*

2 Die römische Vergangenheit entdecken

Die Geschichte Aostas geht auf die Römer zurück, die im Jahr 25 vor Christus den Ort als Augusta Praetoria gründeten und den Grundstein für fünf Jahrhunderte römischer Herrschaft im Aostatal legten. Noch heute ist die Stadt reich an römischen Bauwerken, die du bei der Erkundung nicht verpassen solltest. Starte am **Arco di Augusto** *(Augustusbogen, GPS 45.73949, 7.32814)*, entdecke die **alte Stadtmauer** und sieh dir das **Teatro Romano** mit eigenen Augen an.

3 Wandern mit Blick auf Aosta

In der **Riserva naturale Lo Tsatelet** rund um die Stadt Aosta lässt es sich hervorragend wandern – bei guter Sicht sogar mit Blick auf den höchsten Berg der Alpen, den Mont Blanc. Das geschützte Naturreservat wurde 1993 auf dem Gebiet der Gemeinden Aosta und Saint-Christophe eingerichtet. ***Infos:* Ufficio del Turismo di Aosta** | *tgl. 9–19 Uhr | Piazza Porta Pretoria | Aosta | lovevda.it*

Insider-Tipp
Pflanzenfreunde aufgepasst!

Das trockene Mikroklima lässt viele Pflanzen mediterranen Ursprungs im Aostatal wachsen, darunter Steppenbewohner wie Halbstrauch-Radmelde und Knolligen Baldrian, den es im ganzen Alpenraum nur hier gibt.

4 Den Nationalpark Gran Paradiso erkunden

Naturerlebnis pur bietet der 1922 gegründete **Parco Nazionale Gran Paradiso**

REGENTAG – UND NUN?

5 Abschalten in der Therme

Wer vom Wandern, Radfahren und Staunen eine kleine Pause braucht, der findet in der **Terme di Saint-Vincent** ganz sicher Ruhe und Entspannung. Neben einem wunderbaren Ausblick auf die Bergwelt kannst du es dir mit Wellnessbädern und Thermalbehandlungen gut gehen lassen, ob es draußen regnet oder schneit. ***Infos:*** *Mo–Do 10–20, Fr/Sa 9–18 u. 19–23, So. 9–19 Uhr | ab 37 € | Viale IV Novembre, 100 | Saint-Vincent | laviadelleterme.it/terme-di-saint-vincent*

im Südwesten des Aostatals an der Grenze zum Piemont. Das kleine Bergdorf **Cogne** bildet ein hübsches Zentrum, das im Sommer als Etappenziel der Tour de France lockt und im Winter mit einem exzellenten Skigebiet. Außerhalb der Wintermonate ist der älteste Nationalpark Italiens vor allem für Wanderungen beliebt. Halte die Augen nach Alpsteinböcken auf, dem Wahrzeichen des Parks, und genieße den einzigartigen Blick auf den Gran Paradiso, der mit 4061 Metern der höchste Berg ist. ***Infos:*** *Infos zu Wanderwegen, Klettersteigen und Fahrradwegen im* ***Ufficio del Turismo Cogne*** *| Rue Bougeois, 34 | Cogne | lovevda.it*

ESSEN & TRINKEN

6 Da Manuel

Etwas abseits der Fußgängerzone und direkt hinter der hoch aufragenden Wand des römischen Theaters befindet sich dieses Restaurant mit lokalen, hausgemachten Speisen. Die Pizza ist einfach und einfach gut. Auch der Mittagstisch kann sich sehen lassen. ***Infos:*** *Fr–Mi 12–14 u. 19–22 Uhr | Via Hotel Des Monnaies, 33 | Aosta | Tel. +39 01 65 36 10 86 | €€*

7 Caffè de Cogne

Von Kaffee bis Aperitif: Das urige Café im kleinen Stadtkern von Cogne bezaubert mit schöner Atmosphäre und großer Geselligkeit. Auch wer seinen Caffè nur *al banco* direkt am Bartresen zu sich nehmen will, wird vom netten Team gerne bedient. Allerdings verpasst man dort den genialen Ausblick von der Terrasse aus auf die imposante Bergkulisse. ***Infos:*** *Di–So 7–24 Uhr | Via Bourgeois, 61 | Cogne | Tel. +39 016 57 40 69 | €*

8 La Brasserie du Bon Bec

Kleine Pause gefällig? Dann ist diese Brasserie genau der richtige Ort für eine

EIN GUTES VERSTECK

Das abgelegene Aostatal war im Zweiten Weltkrieg ein wichtiges Zentrum des italienischen Widerstands.

Einkehr mit zünftigem, hausgemachtem Essen zu erschwinglichen Preisen. Die Mahlzeit rundet man mit einem Grappa beim Ausblick auf die Bergkulisse ab. ***Infos:*** *Di–So 12–14.30, 19–22 Uhr | Via Bourgeois, 72 | Cogne | Tel. +39 01 65 74 92 88 | hotelbellevue.it/it/ristoranti/view/la-brasserie-du-bon-bec*

EINKAUFEN

9 La Maison du Gout

Wer noch ein Mitbringsel aus dem Aostatal braucht, hat hier die Qual der Wahl. In diesem Dorfladen kauft man dort ein, wo die Einheimischen ihr Brot kaufen. Hier findet man eine ganze Palette an Leckereien von Marmeladen und Brotaufstrichen bis hin zu lokalen Weinen. ***Infos:*** *tgl. 8–12.30 u. 15.30–19.30 Uhr | Rue Mines de Cogne, 2 | Cogne*

STELL- & CAMPINGPLÄTZE

10 In einer Senke am Fluss übernachten

Cogne hat einen zentralen und großen Stellplatz für Campervans und Wohnmobile. Er liegt zwar idyllisch, ist aber asphaltiert und bietet nur sehr wenige Grünflächen. Der Preis ist mit 17 € für 24 Stunden inkl. zwei Personen und Kurtaxe in Ordnung.

Area Sosta Camper – Cogne

€ | Rue Mines de Cogne, 22 | Cogne/AO
Tel. +39 01 58 97 69 06 | delta-services.org
GPS 45.5880099,7.3069004

▶ **Größe:** *130 Stellplätze*

11 Sein Lager nahe Aosta aufschlagen

Bei Sarre, ca. 4 Kilometer außerhalb von Aosta, lässt es sich gut übernachten. Der Zeltplatz liegt in einem ruhigen Waldgebiet am linken Ufer der Dora Baltea und bietet moderne Sanitäranlagen, Trinkwasserhähne, Warmwasserduschen und 220V-Steckdosen.

Camping International Touring

€€ | Località, Frazione Arensod, 10 | Sarre/AO
Tel. +39 01 65 25 70 61 |
campingtouring.com
GPS 45.7217324, 7.2678725

▶ **Größe:** *190 Stellplätze, 10 Mobilheime, 8 Bungalows*
▶ **Ausstattung:** *Swimmingpool mit Kinderrutsche*

ALLES VINO, ODER WAS?

Weinberge, soweit das Auge reicht, in den Langhe bei Barolo.

In Vino Veritas
Von Turin über das Monferrato & die Langhe zu den Seealpen

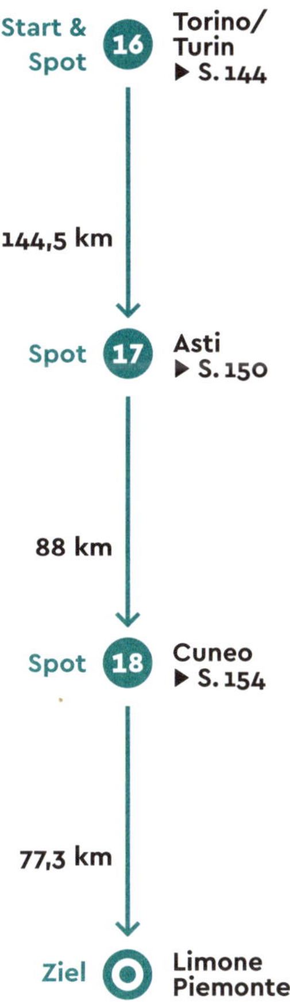

Barolo und Barbaresco, weißer Trüffel und Haselnüsse, Bicerin und Zabaione – die kulinarischen Highlights stehen auf dieser Tour ganz hoch im Kurs. Kein Wunder, denn es geht nicht nur in die piemontesische Hauptstadt Turin, sondern auch mitten hinein ins Herz der Weinregion, nach Barolo und Barbaresco. Und weil das nicht schon schön genug ist, wartet das alpine Highlight am Ende der Tour mit dem Anblick der majestätischen Seealpen in Vernante und Limone Piemonte. Der perfekte Mix aus italienischer Finesse und alpiner Sportlichkeit.

Strecke 340,2 km

Reine Fahrzeit 6 Std. 15 Min.

Streckenprofil Teilweise sehr gut zu befahren, teilweise aber auch sehr viele Serpentinen, steile Anstiege und herausfordernde Bergpässe

Empfohlene Dauer 10 Tage

Anschlusstouren C D F

Tour E im Überblick

Tour-Highlights

In *Barbaresco* guten Wein verkosten und auf dem *Torre di Barbaresco* den Blick über die Weinberge genießen ▶ **S. 136**

Im *Café Al Bicerin* in *Turin* echt piemontesisch in den Tag starten ▶ **S. 147**

Bei Laura Borin im *Agricampeggio Agripassione* in der Nähe von *Asti* Pizza essen ▶ **S. 153**

Torino / Turin
Seite 144
16
Asti
Seite 150
17
Barbaresco
Barolo
La Vigna dei Pastelli
NOVARA
MILANO
VERCELLI
PAVIA
ALESSANDRIA
GENOVA
SAVONA
Monferrato
Italia
Mar Ligure
Mar Mediterraneo
10 km
Ivrea
Salussola
Lago di Viverone
Santhià
Borgo d'Ale
Mazzè
Bianzè
Rondissone
Livorno Ferraris
Saluggia
Chivasso
Crescentino
Trino
Villata
Borgo Vercelli
Trecate
Corbetta
Abbiategrasso
Rozzano
Vigevano
Robbio
Mortara
Motta Visconti
Gambolò
Garlasco
Villanova Monferrato
Morano sul Po
Casale Monferrato
Mede
Lomello
Bressana
Pieve del Cairo
Lungavilla
Montiglio Monferrato
Moncalvo
Valenza
Santa Giuletta
Bassignana
Voghera
Pontecurone
Villanova d'Asti
Portacomaro
Felizzano
Tortona
Valfenera
Castello di Annone
Mandrogne
Pralormo
Isola d'Asti
Montà
Agliano Terme
Bosco Marengo
Pozzolo Formigaro
Varzi
Cassano Spinola
Castagnito
Neive
Nizza Monferrato
Cassine
Predosa
Novi Ligure
Borghetto di Borbera
Strevi
Vignole Borbera
Acqui Terme
Gavi
Ovada
Ronco Scrivia
Cortemilia
Rossiglione
Busalla
Savignone
Farigliano
Campo Ligure
Masone
Torriglia
Manesseno
Sassello
Dego
Mele
Cairo Montenotte
Bargagli
Ceva
Cogoleto
Arenzano
Uscio
Albisola Superiore
Varazze
Altare
Quiliano
Calizzano
Spotorno
Garessio
Noli
Tovo San Giacomo
Finale Ligure
Ormea
Toirano
Loano
A4
A5
A26
A50
A7
A53
A21
A33
A6
A10
A12
SS703
SP30
SS45

E Tourenverlauf

Start & Spot 16

Torino/Turin
Das Zentrum für kulinarischen Hochgenuss ▶ **S. 144**

Optionaler Anschluss: Tour D

56 km

Diese Tour beginnt mit einem weiteren Turiner Highlight, dem berühmten **Museo dell'Automobile di Torino,** dem es sich unter anderem bei Interesse für Industriearchitektur lohnt, einen Besuch abzustatten *(Automobilmuseum | Corso Unità d'Italia, 40 | Torino | Tel. +39 011 67 76 66 | tgl. 10–19 Uhr | Erwachsene 16, Kinder 6–17 J. 6 € | museoauto.com).*

Insider-Tipp
Sparfüchse aufgepasst!

*Mit dem **Abonnamento Musei Torino & Piemonte** erhältst du sowohl im Automobilmuseum als auch in der Sacra di San Michele freien Eintritt.*

Danach führt dich der Weg westlich aus der piemontesischen Hauptstadt hinaus und in etwa 50 Autominuten zur Sacra di San Michele auf dem Monte Pirchiriano im **Susatal,** ein Abstecher, der sich für einen Halbtagesausflug definitiv lohnt. Dafür folgst du zunächst dem Corso Unità d'Italia, biegst nach recht auf den Corso Piero Maroncelli, um dann über die Via Onorato Vigliani und den Corso Luigi Settembrini auf die SP6 zu gelangen. Du hast Wasserratten an Bord? Dann plane einen Stopp im **Blu Paradise,** einem Erlebnisbad in Orbossano mit zahlreichen Rutschen und Spaß für die ganze Familie *(tgl. 10–19 Uhr | Erwachsene 13, Kinder 10 € | Via Gozzano, 9 | Orbossano | bluparadise.it).* Kurz hinter Orbossano fährst du von der SP6 auf die Via Giaveno und weiter auf die SP183. Von nun an wirst du auf der linken Seite den direkten Blick auf den **Parco Naturale del Monte San Giorgio** genießen – mit dem 837 Meter hohen Monte San Giorgio am Horizont. Lust auf einen kurzen Halt auf dem Weg? Dann folge ab Cascina der SP589 weiter in Richtung Sada und mache einen Abstecher zu den **Laghi di Avigliana.** Die Aviglianaseen sind zwei kleine Moränenseen in der Gemeinde Avigliana, die teilweise durch ein Naturschutzgebiet präserviert sind. Zwischen den Seen liegt der **Camping Aviglianalacs** *(Via Giaveno, 23 | Avigliana | camping-aviglianalacs.it),* wo du in direkter Wassernähe übernachten kannst. Von hier aus folgst du der landschaftlich schönen Via Sacra di San Michele weiter in Richtung der Abtei. Über ein paar Serpentinen, die aber auch für Camper absolut machbar sind, bist du innerhalb von 25 Minuten am bilderbuchmäßig schön gelegenen Kloster.

Sacra di San Michele

Bekannt ist die Abtei des Benediktinerordens vor allem für die Lage, die sie zu einem perfekt dramatischen Fotomotiv macht – denn nicht selten hängen im Hintergrund der Kirche dichte Wolken an den Gipfeln der Alpen. Zu Fuß erreichst du San Michele leicht von den Dörfern Chiusa di San Michele und Sant'Ambrogio aus sowie über den Wanderweg Dei Principi, der in Avigliana beginnt. Die Abtei liegt zudem auch an der Via dei Franchi und der Francigena, einem alten Pilgerweg, der noch immer sehr beliebt ist. Besuchen solltest du den Bell'Alda-Turm und die Bibliothek mit ihren 10 000 alten Bänden sowie die moderne Statue des Heiligen Erzengels Michael, die 2005 von Paul Doss-Moroder geschaffen wurde. Lass dich durch die Bögen und Portale treiben, entdecke Gemälde und verfalle dem mysteriösen Charme des alten Ortes.

i *Mo–Sa 9.30–17.30, So 9.30–11.30 u. 13–17.30 Uhr | Erwachsene 8, Kinder 6–18 Jahre 6 € | 2 Std. | Sant'Ambrogio di Torino | Tel. +39 011 93 91 30 | sacradisanmichele.com*

P *Gut und sicher parken am Parking Piazzale Croce Nera | GPS 45.0933205, 7.3393043 | von hier ist die Sacra di San Michele zu Fuß in ca. 15 Min. gut erreichbar | Tagesticket 10 €.*

EXPONIERT

So kann man die Lage der Sacra di San Michele im Susatal bezeichnen.

SALUTE!

Im wunderschönen Winzerdorf Neive kannst du überall köstlichen Barbaresco verkosten.

88,5 km Zurück wählst du den schnelleren Weg über die E70, die dich südwestlich an Turin vorbei in knapp über einer Stunde nach Asti bringt. An der Ausfahrt Asti Ovest verlässt du die E70 und folgst dem Corso Torino bis zum Parcheggio Piazza Campo del Palio in Asti (▶ S. 150).

Spot 

Asti

In der Stadt der hundert Türme ▶ **S. 150**

Optionaler Anschluss: 

28 km Nun lässt du das Spumantegebiet und das Monferrato hinter dir und die Tour führt dich mitten hinein in eines der berühmtesten Weinanbaugebiete Italiens und der Welt: in die **Langhe.** Dafür verlässt du Asti über den Corso Savona in südlicher Richtung über die A33. Je weiter du in diese einmalige Landschaft hineinfährst, desto mehr Weinberge türmen sich rechts und links der Straße auf. Nimm dann die Ausfahrt Barbaresco und folge der SP3 und dem leicht hügeligen Anstieg bis in den Stadtkern.

Barbaresco

Die kleine Gemeinde Barbaresco ist mit ihren 615 Einwohnern wahrlich nicht groß, dafür aber bekannt für einen der weltweit größten

Rotweine – den Barbaresco. Und genau um den dreht sich hier auch alles. Die Nebbiolotraube, aus der der recht gehaltvolle Rotwein gekeltert wird, wird hier bereits seit 1894 an den Hängen rund um den Ortskern angebaut. Um einen guten Überblick über Barbaresco, aber auch das gigantische Weinanbaugebiet rundherum zu bekommen, kannst du den 30 Meter hohen **Torre di Barbaresco** erklimmen *(tgl. 9–20 Uhr | Tickets 5 € | Via Torino, 67 | Barbaresco | torredibarbaresco.it)*. Den besten Einblick in die Welt des Rotweins in Barbaresco bekommst du im **Ca' del Baio,** einem Weingut, das bereits seit vier Generationen aktiv Barbaresco produziert *(Mo–Fr 9–12 u. 13–18, Sa 9–17 Uhr | Via Ferrere Sottano, 33 | Treiso | Tel. +39 01 73 63 82 19 | cadelbaio.com)*.

P *Parken und Übernachten in der Area Carico/Scarico Camper Barbaresco | GPS 44.7221617, 8.083862 | 10 Gehminuten vom Torre di Barbaresco entfernt.*

Besuch im Winzerdorf Neive

Das wohl schönste Dorf der Langhe ist die Winzergemeinde Neive. Hier kannst du durch die kleinen Gassen schlendern, dich von der hübschen Architektur verzaubern lassen und immer wieder in einer der vielen Winzerstuben einkehren. Wichtig: Kamera nicht vergessen!

i ***Anfahrt:*** *Ab Barbaresco folgst du zunächst der Strada Bernino, die dich nach 1,5 km auf die SP3 bringt. Biege nach etwa 1,8 km scharf links auf die Via Crocetta ab und folge dieser bis Neive, das du nach ca. 7 Minuten erreichen solltest. Parken kannst du kostenlos in der Via Circonvallazione, 14 (GPS 44.7262175, 8.1131458).*

Insider-Tipp
Knallbunte Stifte

*Mitten in den Weinbergen liegt **La Vigna dei Pastelli** – ein kleiner Ort für Weinverkostungen zwischen riesigen Stiften und inmitten von Weinreben. Hier befindet sich auch ein grandioser Aussichtspunkt (GPS 44.714598, 8.0881372).*

12 km Die landschaftlich wunderschön verlaufende Via Slizza (SP3) bringt dich von Neive direkt in die Wein- und Trüffelstadt Alba. Folge dieser einfach und plane für den Weg ein bisschen Zeit für eventuelle Fotostopps ein, denn an einigen Ecken wird dich der Blick über die Weinberge ganz schön umhauen.

Ⓔ Tourenverlauf

Alba

Alba ist die Hauptstadt des Trüffels und sollte allein deswegen auf der Route mindestens für einen kurzen Stopp eingeplant werden. Bevor du beim Mittagessen in einem der vielen Restaurants die herrlichen Weine der Langheregion probierst, solltest du aber unbedingt einen Spaziergang durch den schönen Ortskern machen. Empfehlenswert ist auch ein Besuch der **Cattedrale di San Lorenzo,** die als Wunderwerk der piemontesischen Spätgotik bekannt ist *(tgl. 8–19 Uhr | Via Vide/Piazza Duomo | Alba | parrocchiaduomoalba.it)*. Der beste Ort, um weißen Trüffel und Weine aus der Region in Alba zu probieren, ist mit Abstand die **Osteria dell'Arco** *(tgl. 12–15 u. 19–23 Uhr | Piazza Michele Ferrero, 5 | Alba | Tel. +39 01 73 36 39 74 | osteriadellarco.it)*. Hier sitzt du entspannt im Innenhof oder direkt im gemütlichen Restaurant und bekommst nicht nur leckere Trüffelgerichte, sondern auch die beste *panna cotta* der Region. Buonissimo!

P *Parken in der Via San Rocco | kostenlos | etwa 5 Min. zur Innenstadt entfernt | GPS 44.7027, 8.0399.*

Weinkneipentour
Lust auf Aktives? Dann kannst du in Alba die **Bar-to-Bar-Route** starten. Der legendäre Rundweg beginnt nämlich hier und führt dich in Richtung Langa del Barbaresco durch das gesamte Weinanbaugebiet, bis er wieder in Alba endet *(Infos: Ente Turismo Langhe Monferrato Roero | Piazza Risorgimento, 2 | Alba | visitlmr.it)*.

P *Parken Area Sosta Camper | Via Giovanni Ferrero | Alba | GPS 44.697073, 8.022297.*

16,4 km Achtung, jetzt wird es noch idyllischer, denn es geht durch das Herz des Weinanbaugebiets in der Provinz Cuneo und damit von Alba zunächst nach La Morra. Dafür folgst du erst einmal der SP3 und dann der Auffahrt nach La Morra, die dich auf die SP236 bringt.

*Für einen tollen Stopp auf dem Weg kannst du an der **Panchina Gigante Rossa** halten. Die riesige rote Bank befindet sich kurz vor La Morra und bietet dir einen herrlichen Blick über das komplette Weinrebenszenario (GPS 44.6495078, 7.9337484).*

Weiter geht es über die SP236 und die Via Alba direkt nach La Morra, dem „Balkon der Langhe".

La Morra

Das mittelalterliche Städtchen wurde Anfang des 2. Jahrtausends gegründet und ist heute vor allem für eins bekannt: den endlosen Ausblick über die Langhe. La Morra befindet sich zwischen dem Tanarotal und den von Weinbergen bedeckten Hügeln und Burgen der umliegenden Dörfer. Von hier aus starten sieben Wanderwege, die dich mitten hinein in die Weinberge bringen. Detaillierte Karten bekommst du dafür im lokalen **Tourismusbüro** *(Ufficio Turistico | Do–Mo 10–18 Uhr | Piazza Martiri, 1 | La Morra | Tel. +39 01 73 50 03 44 | lamorraturismo.it)*. Ein tolles Restaurant ist die **Osteria More e Macine,** in der du rustikal sitzt und dich durch beste lokale Küche schlemmen kannst *(tgl. 10–1 Uhr | Via XX Settembre, 18 | La Morra | Tel. +39 01 73 50 03 95 | Facebook: Osteria More e Macina)*. Möchtest du noch eine Nacht in La Morra bleiben, dann solltest du auf dem **Agricampeggio La Rosa nel Borgo** schlafen. Der Agriturismo bietet wunderschöne Plätze inmitten der Weinberge. Hier kannst du immer spontan eine Weinverkostung machen oder sogar auf dem Weinberg mithelfen. Die Grillplätze bieten dir am Abend außerdem allerschönstes Campingflair *(Via Roma, 91 | La Morra | Tel. +39 34 87 23 12 64 | larosanelborgo.it/agri-camping)*.

P *Parken kannst du am besten an der Piazzale Monera | kostenlos | GPS 44.6364976, 7.9291083.*

DA PFEIFFT DAS TRÜFFELSCHWEIN

Auf der Trüffelmesse in Alba werden viele der geschmacksintensiven kleinen Knollen feilgeboten.

MEXICAN STYLE

Die Cappella Delle Brunate unterhalb von La Morra wurde in den 1990er-Jahren modernisiert.

6 km Von la Morra folgst du zunächst der SP58 in Richtung Barolo, bis es über die SP3 etwas kurvenreicher wird. Keine Sorge, auch mit dem Camper ist dieser Weg machbar. Die SP3 verlässt du an der Kreuzung in Muscatel. Von hier aus bringt dich die SP163 direkt ins Zentrum von Barolo.

Barolo

Auch Barolo ist, wie Barbaresco, Heimat von einem der bekanntesten Rotweine der Welt. Warum also nicht einfach mal die Wiege des Guten besuchen? Die Trauben des berühmten Barolo wachsen hier vor allem auf dem Cannubihügel, auf dem bereits zur Zeit der Römer Nebbiolotrauben kultiviert wurden. Starten solltest du deinen Barolobesuch auf jeden Fall auf dem **Weingut Borgogno,** das mit seinem mehr als 250 Jahre alten Weinkeller mit Abstand den ältesten dieser Art im Piemont besitzt und etwas außerhalb der Stadt liegt. Hier kannst du auf einer Tour mit Verkostung für 15 € nicht nur ökologisch hergestellten Rotwein probieren, sondern vor allem auch in die hohe Kunst des Weinanbaus einsteigen *(Mo/Fr 10.30–12.30 u. 14.30–18.30, Di–Do 10.30–12.30 u. 15–18.30, Sa 10.30–13 u. 15–19, So 10.30–13 u. 15–18.30 Uhr | Via Gioberti, 1 | Barolo | Tel. +39 017 35 61 08 | borgogno.com).* Jetzt ist es Zeit, die 680-Einwohner-Gemeinde selbst näher kennenzulernen!

Schlendere durch die Gassen dieser alten Stadt und entdecke die kleinen Weinlokale. Eine tolle Adresse ist die **Enoteca Regionale di Barolo,** in der du eine Karte erhältst, mit der du über eine Maschine selbst eine kleine Weinprobe machen kannst *(Do–Mo 10.30–18.30 Uhr | Piazza Falletti, 1 | Barolo | Tel. +39 38 86 26 28 64 | enotecadelbarolo.it)*. Den letzten Wein des Tages solltest du dir jedoch für die **Cantina Cascina Barone** aufheben, in der du auf der Terrasse den Blick über die Region und natürlich einen Tropfen Barolo genießen kannst *(tgl. 9–20 Uhr | Frazione Vergne, 62 | Narzole | Tel. +39 38 80 76 56 98 | cantinacascina barone.it)*. Am besten schläfst du auf dem Gelände des **Agriturismo La Terrazza sul Bosco Barolo,** dann schmeckt der Wein sicher besser – und länger *(Via Conforso, 5 | Barolo | Tel. +39 017 35 61 37 | Barolo | came rano1875.com/en/agriturismo | GPS 44.6097308, 7.9431049)*.

Noch mehr über Wein lernen

Im **Castello di Barolo** kannst du dein Wissen über Wein weiter ausbauen, denn das alte Schloss beherbergt seit 2010 das **Museo del Vino** mit einer interaktiven Ausstellung rund um die Kultur des Rebsaftes.

i *tgl. 10.30–19 Uhr | Eintritt Erwachsene 9, Kinder 6–14 Jahren 1 € | Piazza Falletti | Barolo | wimubarolo.it*

P *Parking Barolo | kostenlos und sehr zentral, nur wenige Minuten zum Ortskern | GPS 44.6111033, 7.9422056.*

56 km Barolo lässt du über die kurvigen Straßen in südöstlicher Richtung hinter dir. In Höhe von Piozzo auf der rechten Seite und Farigliano auf der linken Seite überquerst du den Fluss Tanaro, der sich ab hier wie ein Bandwurm durch die Landschaft schlängelt. Über die SP12, die SP9 und die E717 gelangst du wieder auf die A33, von wo aus du nach 20 Kilometern die gleichnamige Hauptstadt der Provinz Cuneo erreichst.

*Besonders gut geht das auf der gigantischen Bank im Örtchen **Clavesana** (GPS 44.4901748, 7.8564619). Go slow and relax und genieße den wunderbaren Blick über diese Gourmetextraklassegegend.*

Cuneo

Der geschäftige Mittelpunkt der Weinprovinz ▶ S. 154

Ⓔ Tourenverlauf

36 km Die schönere, wenn auch etwas längere Strecke von Cuneo zum Lago della Rovina am Fuß des Monte Argentera führt dich zunächst über die SS705 und SP21 bis zur Via Don Pellegrino in Boves. Weiter geht es nun über die SS20 in Roccavione. Von nun an ändert sich das Landschaftsbild – die Umgebung wird felsiger und schroffer. Du kommst den Westalpen immer näher. Und vielleicht kannst du aus dem Auto sogar die kleine Kapelle **Madonna delle Piagge** in Robilante erkennen. Kurz hinter Tetto Sabbione folgst du der SP22 nun vorbei am **Naturreservat Grotte del Bandito** und weiter bis Valdieri. Hier solltest du einen Stopp bei den **Necropoli Protostorica Valdieri** einplanen und die zwölf Gräber besuchen *(Sa u. So 10–18 Uhr | Necropoli | Valdieri | parcoalpimarittime.it/visita/da-vedere/necropoli-di-valdieri-e-museo)*. Von Valdieri aus folgst du der Strada Provinciale S. Giacomo bis zum **Lago della Rovina** am Monte Argentera.

Monte Argentera/Lago delle Rovine

3297 Meter hoch und direkt im Grenzgebiet zwischen Italien und Frankreich – der Monte Argentera wird unter den Einheimischen auch als Königin der Seealpen bezeichnet. Der Berg befindet sich am Ende des piemontesischen Sturatals im Piemont. Er gehört zum **Parco Naturale delle Alpi Marittime** und damit zum „königlichen Park". Diesen Namen verdankt er der Familie des Königreichs Sardinien, die hier im 19. Jh. die Sommerfrische verbrachte. Mutige können sich hier auf die Wanderung zum Gipfel wagen. Diese entführt dich über Gesteinswüsten auf weite Hochterrassen und mitten hinein in eine alpine Welt in mediterranem Klima. Wichtig: Die Tour sollte nur von erfahrenen Bergsteigern und bestenfalls mit einem ortskundigen Bergführer durchgeführt werden. Tipps für Wanderungen am Monte Argentera findest du zum Beispiel auf komoot *(komoot.de/guide/622985/wandern-rund-um-argentera)*.

P *Auf dem **Campeggio Lago delle Rovine** (GPS 44.1739212, 7.3413793) kann man nicht nur parken, sondern auch übernachten. Perfekt für Frühaufsteher, die morgens rechtzeitig zum Wandern oder Mountainbiken starten wollen. Alle anderen können sich auf ein idyllisches Bergpanorama direkt am Lago delle Rovine freuen!*

41,3 km Über die Strada Comunale Rovine bist du innerhalb einer knappen Stunde im historischen Örtchen Limone Piemonte. Kurz hinter Tetti Gargetti passierst du den Lago di Piastra auf der Strada Provinciale S.

Giacomo und hast hier noch einmal einen wunderbaren Ausblick auf die Traumlandschaft der Region. Nun befindest du dich auf der SP22, die dich auf der gleichen Strecke wie zuvor von Cuneo nach Monte Argentera wieder nach Roccavione bringt. Nur, dass du diesmal am Corso Torino den Schildern nach Limone Piemonte über die SS20 folgst.

Ziel Limone Piemonte

Das kleine Örtchen befindet sich im südlichsten Teil der Alpen und damit im unteren Tal des Piemont. Hübsche Steinhäuschen aus dem 12. Jh. sowie zahlreiche Restaurants und Cafés, in denen sich Einheimische, Bergtouristen und andere Reisende täglich treffen, sind in ein traumhaftes Bergpanorama eingebettet. Limone Piemonte ist das perfekte Örtchen für alle, die sich endlich mal wieder auf das Fahrrad schwingen wollen. Von hier aus kannst du zum Beispiel einen Teil des Via del Sale fahren, der auch durch Frankreich führt und in Ventimiglia endet oder du schnappst dir ein Mountainbike und erkundest die zahlreichen Routen vor Ort. Keine Sorge, die passenden Informationen findest du bei den echten Experten von **Bottero Ski** in der Via Genova 40. Hier kannst du dir im Sommer Fahrräder und im Winter Ski-Equipment leihen *(Do–Di 9–12.30 u. 15–19.30 Uhr | Via Genova, 40 | Limone Piemonte | Tel. +39 017 19 22 74 | botteroski.com).*

P *am Parking Camper e Auto | kostenlos und unweit des Zentrums | GPS 44.2033417, 7.5742847.*

Optionaler Anschluss: Tour F

DER BERG RUFT

Oberhalb von Borgo San Dalmazzo hat man einen wunderbaren Blick auf die Seealpen.

Torino/Turin
Das Zentrum für kulinarischen Hochgenuss

Den Morgen auf einer Piazza mit Espresso oder Bicerin beginnen, den Nachmittag auf der Panoramaterrasse des Mole Antonelliana, ein Abend auf Aperitiftour – das ist Turin. Die Hauptstadt des Piemont ist nicht nur bekannt für die vielen italienischen Spezialitäten, die hier ihren Ursprung haben, sondern zählt auch zu den wichtigsten Zentren für Kultur und Wirtschaft in ganz Italien. Hier kannst du dich von Platz zu Platz treiben lassen, Schlösser und Gärten besuchen und in Palästen erfahren, wie das Leben in der Großstadt einst ablief.

P *Die Parkplätze in Stadtnähe sind in Turin meist unsicher | gut parken vor dem Campingplatz Grinto | 10 €/24 Std. | GPS 45.0094, 7.6725 | von hier aus sind es ca. 40 Min. mit dem Bus bis in die Innenstadt.*

BENCHMARK

Weithin sichtbar ist die Mole Antonelliana in Turin.

AKTIVITÄTEN & SIGHTSEEING

1 Die Mole erklimmen

Kaum ein Gebäude in Turin ist markanter als die **Mole Antonelliana.** Das ikonische Bauwerk wurde 1889 errichtet und vom italienischen Architekten Alessandro Antonelli entworfen. Eigentlich war der Turm als Synagoge für die jüdische Gemeinde gedacht, als solche jedoch nie genutzt. Tatsächlich galt er im Jahr seiner Eröffnung als zweithöchstes Gebäude der Welt. Im Inneren befindet sich das **Kino- und Filmmuseum** und die Aussichtsplattform erreichst du über den frei hängenden Fahrstuhl. ***Infos:*** *Mo, Mi, Do u. So 9–20, Fr/Sa 9–21 Uhr | Museumseintritt Erwachsene 12, 6–26 Jahre 10 € | Panoramalift Erwachsene 9, 6–26 Jahre 7 €, Kombiticket Erwachsene 17, 6–26 Jahre 14 € | Via Montebello, 20 | Torino | museocinema.it*

2 Einfach mal tief durchatmen

Der 50 Hektar große **Parco del Valentino** *(GPS 45.0548469, 7.6867361)* erstreckt sich längs des Po-Ufers und bietet dir die Chance, dich vom anstrengenden Sightseeing zu erholen. 1856 wurde er als erster öffentlicher Garten der Stadt angelegt. Heute findest du hier einen Botanischen Garten, das berühmte Valentinoschloss sowie ein mittelalterliches Dorf mit Burg. Am besten erkundest du den Park auf einem der vielen Spazier- oder Radwege.

3 Über den Markt schlendern

Knapp 1000 Stände reihen sich täglich in der Nähe der Porta Palatina für den **Mercato Centrale Torino** auf. Hier findest du auf 50 000 Quadratmetern alles, was du für dein (mobiles) Zuhause benötigst: Töpfe, Pfannen, Haushaltsgegenstände und natürlich Lebensmittel, die hier meist zu richtig guten Preisen verkauft werden. Übrigens: Der Markt gilt als einer der größten Märkte unter freiem Himmel in ganz Europa. ***Infos:*** *Mo–Fr 7–14, Sa 7–19.30 Uhr | Piazza della Repubblica | Torino*

4 Auf Palazzo-Hopping gehen

Die Geschichte der piemontesischen Hauptstadt spürt man an jeder Ecke. Vor allem aber die Palazzi sind es, die den ganzen Prunk von damals zeigen. Im **Palazzo**

REGENTAG – UND NUN?

5 Besuch bei den Ägyptern

Es gibt wirklich genug Möglichkeiten, um Turin auch an einem verregneten Tag genießen zu können. Eine der schönsten Adressen ist dabei das **Museo Egizio,** das Ägyptische Museum. Hier erfährst du alles über die altägyptische Archäologie und Geschichte, die du an einer ganzen Bandbreite an Artefakten und Ausstellungsstücken nachvollziehen kannst. Du kannst dich hier einer Tour anschließen oder am Eingang einen Audioguide ausleihen. ***Infos:*** *Di–Fr u. So 9–18.30, Sa 9–22, Mo 9–14 Uhr | Eintritt 7 € | Via Accademia delle Scienze, 6 | Torino | museoegizio.it*

Reale, dem Königspalast aus dem 16. Jh., wandelst du durch reich verzierte Räume, die nur so vor Stil und Eleganz strotzen. Auf einer Führung lernst du mehr über die Geschichte des Gebäudes und kannst den Thronsaal und die Danielgalerie bewundern. Der **Palazzo Madama** ist nicht nur von innen, sondern auch von außen prunkvoll. Hier findest du eine Reihe verzierter Säulen und eine Palisade, die mit Skulpturen geschmückt ist. Der Palazzo beherbergt auch das **Museo Civico d'Arte Antica**. ***Infos: Palazzo Reale*** *| Di–So 8.30–18 Uhr | Kombiticket 15 € für Palazzo Reale, Königliche Gärten, Königliche Bibliothek und alle Museen, Kinder unter 18 Jahren kostenlos | Piazzetta Reale, 1 | Torino | palazzorealemilano.it;* ***Palazzo Madama*** *| Mo/Mi/Fr–So 10–18, Do 13–19 Uhr | Eintritt 10 €, Kinder unter 18 Jahren kostenlos | Piazza Castello | Torino | palazzomadamatorino.it*

Gehe in die erste Etage des Palazzo Madama und fotografiere durch die bunte Fensterscheibe. An schönen Tagen siehst du die schneebedeckten Alpen. Perfektes Turinpanorama!

Insider-Tipp
Abgetaucht
Auf einer Untergrundtour lernst du in 15 Metern Tiefe die Geheimnisse der Stadt kennen. Jeden Freitag, Buchung über booking@somewhere.com

6 Fußballträume erfüllen

Du bist kein Fußballfan? Keine Sorge, spätestens im **Allianz Stadium von Juventus Turin** mutierst du zu einem. 41 000 Plätze und ein Meisterwerk der Ingenieurskunst versetzen dich in Erstaunen. Täglich finden im Führungen statt. Dazu gibt es ein Museum, das der Fußballgeschichte der „Alten Dame", wie der Verein liebevoll genannt wird, gewidmet ist. ***Infos:*** *Touren tgl. 11, 12.30, 14.45, 16.15 Uhr | Tickets für Tour u. Museum 25, unter 16 Jahren 20 € | Corso Gaetano Scirea, 50 | Torino | juventus.com/it/allianz-stadium*

7 Heilige Geschichte schnuppern

Die Fassade der **Cattedrale di San Giovanni Battista** aus weißem Marmor gehört architektonisch in die Renaissance. Viel spannender als der relativ schlichte Bau des Turiner Doms ist aber, was sich in seinem Inneren befindet, nämlich das wohlbehütete **Turiner Grabtuch** und damit eine der wichtigsten Reliquien für gläubige Christen: Es soll das originale Grabtuch von Jesus Christus sein. Religion hin oder her – verrückt ist das alle Mal, oder? Vor Ort bekommst du allerdings nur eine Nachbildung zu Gesicht, um das Original zu schonen, da dies nur an speziellen Tagen gezeigt wird. ***Infos:*** *tgl. 10–12.30 u. 16–19 Uhr | Eintritt frei | Piazza San Giovanni |Torino | duomoditorino.com*

8 Den Sonnenuntergang mit Ausblick genießen

Was wäre ein Städtetrip ohne einen ausgiebigen Sundowner? Den schönsten Ort mit dem besten Blick über Turin findest du auf dem **Monte dei Capuccini** *(GPS*

45.0597019, 7.6976136). Wenn du möchtest, kannst du die **Kirche Santa Maria** besuchen und dabei durch das Museo della Montagna schlendern. ***Infos:*** *Museo della Montagna | Di–So 10–18 Uhr | Eintritt 10, ermäßigt 7 € | Piazzale Monte dei Cappuccini, 7 |Torino*

9 Eine Pastamanufaktur besuchen

Frischer Pasta kann doch wirklich niemand widerstehen. Die beste ihrer Art bekommst du bei **Pastificio Defilippis.** Seit 1872 werden die Gnocchi hier mit der Hand gerollt, die Ravioli per Hand geformt – und zwar seit Generationen ausschließlich von Mitgliedern der Familie. Schau den Pastaexperten über die Schulter, kauf dir frische Pasta fürs Abendessen oder bleib direkt da für ein echtes Geschmackserlebnis. ***Infos:*** *tgl. 12.30–15 u. 19.30–22 Uhr | Via Giuseppe Luigi Lagrange, 39 | Torino | pastificiodefilippis.it*

ESSEN & TRINKEN

10 Piola da Cianci

In diesem Restaurant isst du in klassisch familiärer Atmosphäre nur das Beste der italienischen Hausmannskost. Der Service ist flott, die Portionen super und der Preis unschlagbar. Hier gibt es Vorspeisen für 5, Nudeln für 6 und ein Steak für 7 €. Alles natürlich absolut perfetto! ***Infos:*** *tgl. 12–15 u. 19–23.30 Uhr | Largo IV Marzo, 9/b | Torino | Tel. +39 35 33 42 63 22 | ciancipiola.it | €*

11 Café Al Bicerin

Ein bisschen kulinarische Geschichte Turins schnuppern? Hier saßen bereits Friedrich Nietzsche und Alexandre Dumas bei einem Glas von der traditionellen Turiner Erfindung *bicerin*: unten heiße Schokolade, darüber ein kräftiger Espresso und ein Topping aus frischer Sahne. Den besten gibt es bis heute im Café Al Bicerin aus

dem 19. Jh. ***Infos:*** *Do–Di 8.30–9.30 Uhr | Piazza della Consolata, 5 | Torino | Tel. +39 114 36 93 25 | bicerin.it | €€*

12 Gelateria Pepino

Es ist nicht überraschend, dass auch das Stieleis in Turin erfunden wurde – und zwar 1939 in dieser Gelateria. Kaufe eins einfach aus dem Fenster am Rand des Ladens. Völlig sti(e)lecht. ***Infos:*** *Mo–Do 9–20, Fr–So 9–21 Uhr | Piazza Carignano, 8 | Torino*

EINKAUFEN

13 Einkaufen de luxe

Wer noch einen kleinen Funken der glorreichen Zeit Turins erleben will, der sollte unbedingt einen Abstecher in die **Galeria San Frederico** *(GPS 45.0689958, 7.6827773)* machen. Die ist zwar nicht so riesig und pompös wie ihr Pendant in Mailand, aber dennoch unglaublich fotogen. Das Shoppingcenter aus der Belle Epoque ist bis heute das Zuhause zahlreicher Designerläden.

14 Echt italienisch – für zu Hause oder gleich

Das Flaggschiff der Kette **Eataly Torino Lagrange** befindet sich seit 2007 in Turin und vereint auf zwei Etagen das beste aus den Küchen und Töpfen Italiens. Hier kannst du dich mit Pasta und Dolci eindecken. Auf der Einkaufsliste sollten unbedingt die Turiner Cola *mole cola* und die berühmten Nougatpralinen mit piemontesischen Haselnüssen, die *gianduiotti*, stehen. ***Infos:*** *tgl. 10–23 Uhr | Via E. Fenoglietti, 14 | Torino | eataly.net/it_it/negozi/torino-lingotto*

AUSGEHEN

15 Largo IV Marzo

Die Straße **Largo IV Marzo** *(GPS 45.0732245, 7.6824225)* fächert sich wie ein V auf und verwandelt sich jeden

EIS AM STIL

... oder doch gemütlich pausieren in der Gelateria Pepino?

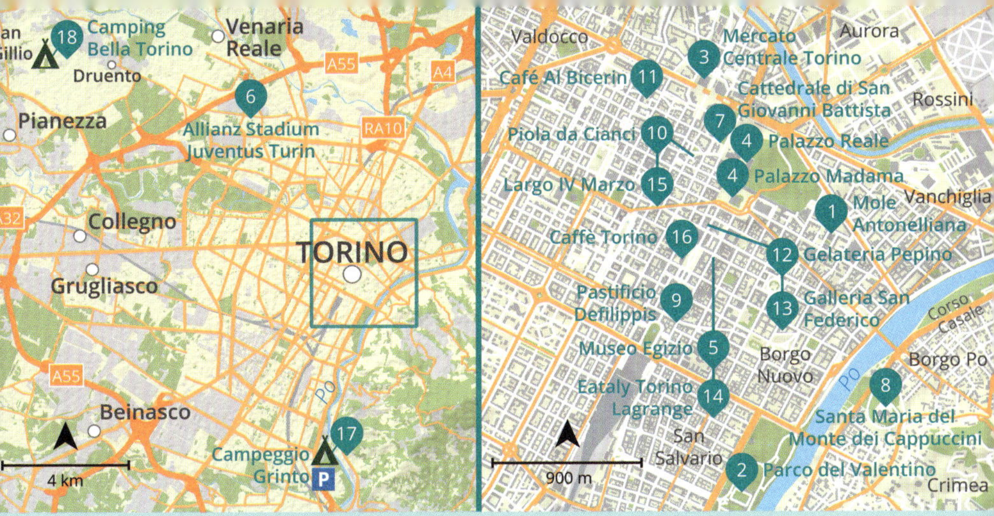

Abend zur perfekten Aperitifstunde in den Treffpunkt der Einheimischen. Hier findest du zahlreiche Bars, Cafés und Restaurants. Toll ist zum Beispiel die Weinbar **Spaccio Vini e Oli.** Für einen Aperol Spritz kannst du nebenan ins **Il Taglio** gehen.

16 Caffè Torino

Seit 1903 wird hier nicht nur Espresso serviert, sondern auch ein wirklich feiner Aperitif mit Snacks, die gut und gerne mal das Abendessen ersetzen. Hier lässt du in einem echten Kaffeehaus à la Paris den Tag ausklingen und kannst dich dabei gedanklich fast nach Frankreich träumen – zumindest so lang, bis der Aperol Spritz und die Oliven auf dem Tisch stehen. ***Infos:*** *tgl. 7.30–24 Uhr | Piazza San Carlo, 204 | Torino*

STELL- & CAMPINGPLÄTZE

17 Perfekt angebunden

Der schön angelegte Campingplatz liegt zwar etwas außerhalb von Turin, ist jedoch dank der Busverbindung sehr gut angebunden. Hier kannst du unter Bäumen stehen und am Abend ganz bequem das wirklich gute Restaurant besuchen – der Campingkocher bleibt dann halt mal aus.

Campeggio Grinto

€€ | Corso Trieste, 94 | Moncalieri
Tel. +39 39 22 08 84 55 | grinto.it
GPS 45.0094, 7.6725

- **Größe:** *50 Stellplätze*
- **Ausstattung:** *WC, Duschen, Strom, Restaurant*

18 Im Grünen gelegen

Wer Wert darauf legt, im Grünen und landschaftlich schön zu stehen, der ist hier genau richtig. Jeder Stellplatz ist mit einer Hecke abgegrenzt und bietet so ein bisschen Privatsphäre. Biker können direkt auf die Radstrecken starten.

Camping Bella Torino

€€ | Via Grange, 71 | Pianezza
Tel. +39 01 19 67 81 19 | campingbellatorino.com
GPS 45.12555,7.55745

- **Größe:** *50 Stellplätze*
- **Ausstattung:** *WLAN, Shuttle-Service, Spielplatz*

Asti
In der Stadt der hundert Türme

Zwischen Turin, Alessandria, Alba und Casale Monferrato, eingebettet in die wunderschönen Hügel des großen Weinanbaugebiets Monferrato, liegt Asti – berühmt nicht nur für den fast weltweit bekannten Sekt, sondern auch für viele andere kulinarische Highlights. Abgesehen davon ist das Städtchen ein wahres Reiseganzjahreswunder: Ob im warmen Sommer oder im farbenfrohen Herbst, wenn die Weinberge in allen Farbschattierungen leuchten – Asti hat zu jeder Jahreszeit etwas zu bieten.

P *Parken am Parcheggio Piazza Campo del Palio | kostenlos und nur wenige Minuten bis zur Altstadt | GPS 44.8974914, 8.2088192.*

LEBKUCHENBAU

Hat allerdings nichts mit einem Hexenhäuschen gemein: die Torre Comentina mit dem Palazzo Medici del Vascello.

AKTIVITÄTEN & SIGHTSEEING

1 Das historische Stadtzentrum entdecken

Zwischen dem 11. und dem 14. Jh. blühte Asti förmlich auf. An jeder Ecke entstanden neue Gebäude. Bis heute kannst du einen großen Teil davon besichtigen. Der perfekte Startpunkt für den Rundgang ist der **Domplatz** *(GPS 44.9006933, 8.197698)*. Auf deinem Spaziergang entdeckst du Reste der einst 7 Kilometer langen **Stadtmauer** *(12.–14. Jh.)*. Im **Palazzo Mazzetti** *(15. Jh., GPS 44.8994783, 8.1984826)* gibt es Kunstwerke aus Holz und Elfenbein sowie Gemälde aus der Renaissance und zahlreiche antike Fundstücke zu bestaunen *(museidiasti.com/palazzo-mazzetti)*. Auch der **Palazzo del Podestà** *(GPS 44.8994494, 8.2039949)* ist bis heute richtig gut erhalten.

Insider-Tipp
Geschichtsstunde

Wenn du es im September nicht zum Palio di Asti schaffst, solltest du dir das ***Museo del Palio*** *im* ***Palazzo Mazzola*** *ansehen (GPS 44.900433, 8.19649059 | paliodiasti.com/museo-palio).*

2 Dem Asti auf die Spur kommen

Hast du dich schon einmal gefragt, wie Sekt produziert wird? Die Antwort darauf findest du in Asti. Bei einer Führung in einer Sektkellerei wandelst du durch uralte Kellergänge und erfährst dabei allerlei Wissenswertes rund um den berühmten Spumante aus Asti. Ein toller Ort dafür ist zum Beispiel das **Weingut Contratto,** das bereits 1867 gegründet wurde. ***Infos:*** *Die Führung dauert 2 Std. und endet mit einer Verkostung | Erwachsene 40, Kinder 20 € | tgl. 10–18 Uhr | Via Giovanni Battista Giuliani, 56 | Canelli | contratto.it/visite*

3 Um die Türme touren

Einst wurden in Asti mehr als 120 Türme erbaut. Zu den schönsten gehören die **Torre de Regibus** *(GPS 44.8990418, 8.1996112, 13. Jh.)*, die **Torre Rossa** *(GPS 44.8985372, 8.1958805)*, die im Mittelalter als Glockenturm der romanischen Kirche San Secondo diente, und die 44 Meter hohe **Torre Troiana** *(GPS 44.9008729, 8.2042296)* aus dem 16. Jh., die du auch von innen besichtigen kannst. ***Infos:*** *Di–So 10–19 Uhr | Smarticket für 10 € für alle Museen in Asti inkl. Torre Troiana | Piazza Medici, 6 | Asti*

4 Kathedralenkunst bestaunen

Die **Cattedrale di Santa Maria Assunta** (Dom zu Asti) wurde im 13. Jh. fertiggestellt und um 1800 ergänzt. Als eine der größten Kirchen im Piemont besitzt sie im Stil der lombardischen Gotik einen hoch aufragenden Glockenturm aus dem Jahr 1266, eine Backsteinfassade mit drei Rosettenfenstern und eine Innenausstattung mit filigranen Schnitzereien, Fresken und Werken des Renaissancemalers Gandolfino d'Asti. Auch das Presbyterium mit seinem kunstvollen Mosaikboden ist einen Blick wert. ***Infos:*** *tgl. 8.30–12 u. 15–19 Uhr | Piazza Cattedrale | Asti*

5 Auf den Spuren eines Heiligen

Der **Colle Don Bosco** ist zwar nur ein Hügelchen, doch beheimatet er gleich mehrere Sehenswürdigkeiten, die sich bei einem Tagesausflug ziemlich gut miteinander verbinden lassen. Hier findest du die Wallfahrtskirche **Basilika Don Bosco**, eine römisch-katholische Kirche, die Mitte des 20. Jh. am Geburtsort von Giovanni Bosco, einem Heiligen, errichtet wurde. Neben der Kirche kannst du hier auch sein Elternhaus besichtigen sowie ein ethnologisches Museum. ***Infos:*** *Frazione Morialdo, 30 | Castelnuovo Don Bosco | colledonbosco.org* ***Anfahrt:*** *ca. 40 Min./33 km nordwestl. von Asti über die SP458*

ESSEN & TRINKEN

6 Enoteca La Buta

In dieser Enoteca arbeitet ein Team mit richtig viel Ahnung über Weinverkostung. Berühmte Weine aus Barbaresco oder Barolo probieren und dabei in der Mittagssonne auf der Terrasse unter großen Schirmen entspannen – herrlich. ***Infos:*** *Mo/Di/Do/So 11–14 u. 19.30–23, Fr/Sa 11–14 u. 17–1 Uhr | Via Giuseppe Stefano Incisa, 16 | Asti | Tel. +39 33 34 93 31 60 | Facebook: enotecala-buta | €€*

7 Sereno Chill Coffee & Co. Asti

Hier dreht sich alles um die Entspannung. Kein Wunder, dass sich das Faultier symbolisch im gesamten Laden wiederfindet. Die Besitzer interpretieren Kaffee neu und servieren stets frisch zubereitete *panini*. ***Infos:*** *Di–Sa 8.30–18.30, So 8.30–13.30 Uhr | Piazza San Secondo, 14/d | Asti | Facebook: SerenoChillCoffee*

8 Pompa Magna – Enoteca con Cucina

Der kleine, versteckte Laden bietet tolle Mittagsmenüs zu richtig guten Preisen und

HEREINSPAZIERT

In der Pasticceria Giordanino erwarten dich unglaubliche Köstlichkeiten.

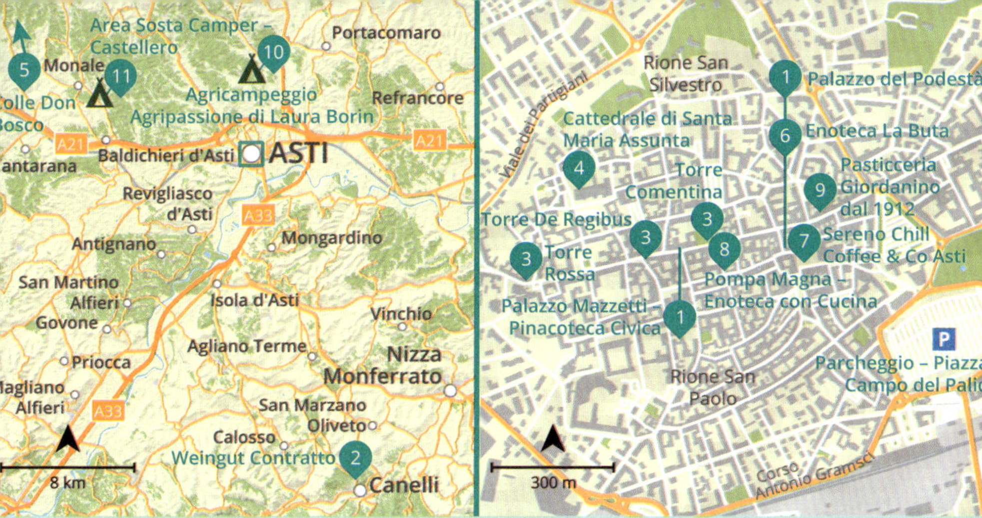

geballte Weinexpertise. ***Infos:*** *Mi–Sa 9.30–14.30 u. 18–22.30, Di 9.30–15 u. 18–22.30, So 10–15 Uhr | Via Giancarlo Aliberti, 65 | Asti | enotecapompamagna.it*

EINKAUFEN

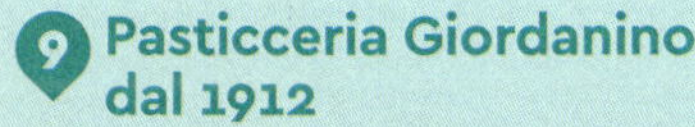

9 Pasticceria Giordanino dal 1912

Ein Urgestein in Asti seit knapp 110 Jahren. In der Konditorei kauft man kleines Gebäck oder die echte *torta pulio di Asti*, ein runder Kuchen, der auf der Oberfläche mit Likör bestrichen und mit geschmolzener dunkler Schokolade und Schokoladenflocken überzogen ist. ***Infos:*** *Di–So 8.30–13 u. 15.30–19.30 Uhr | Corso Vittorio Alfieri, 254 | Asti | Facebook: PasticceriaGiordanino*

STELL- & CAMPINGPLÄTZE

10 Zuhause bei der Familie

Auf dem Campingplatz, der zum Hof der Familie Borin gehört, fühlst du dich sofort Zuhause. Am Abend kocht Familie Borin für alle Gäste – mal gibt es Pizza satt, mal ein lokales Gericht aus Asti, mal Antipasti vom eigenen Hof. Im Hofladen kannst du dir noch Lauras selbst gemachten Nusslikör oder ihre wunderbar fruchtige Tomatensauce mitnehmen. Absolut perfekter Campingplatz!

Agricampeggio Agripassione di Laura Borin

€€ | Località Valmanera, 63 a | Asti
Tel. +39 33 49 77 76 58 I agripassione.it
GPS 44.9384238, 8.2027022

▶ **Größe:** *10 Stellplätze*
▶ **Ausstattung:** *Strom, Wasser*

11 Mitten im Grünen

Dieser Wohnmobilstellplatz befindet sich knapp 20 Minuten vom Zentrum Astis entfernt. Du stehst auf einer Wiese unter schattigen Bäumen, jeder Stellplatz hat eine eigene Bank mit Picknicktisch und Grillplatz – das alles für 5 € am Tag.

Area Sosta Camper – Castellero

€ | 29 Via Bricco Magnone | Castellero
GPS 44.9225, 80771

▶ **Größe:** *6 Stellplätze*
▶ **Ausstattung:** *WC, Ver- und Entsorgung*

Cuneo
Der geschäftige Mittelpunkt der Weinprovinz

Die piemontesische 60 000-Einwohner-Stadt Cuneo verzaubert alle Reisenden mit ihrem Potpourri aus ganz unterschiedlichen Highlights: vom traumhaften Bergpanorama der Seealpen über endlos lange Arkaden bis zu weltweit bekannten Weingebieten in unmittelbarer Nähe. Wer einmal zu Fuß durch Cuneo schlendert, wird den Zauber verstehen – und ihn spätestens dann verinnerlichen, wenn er den Abend mit einem Glas Barolo oder Barbaresco auf einer Piazza beschließt.

P *Parken auf dem Parcheggio Ex Eliporto | bis auf dienstags am Markttag kostenlos | GPS 44.3921168, 7.5446161.*

FARBENFROH

Nicht nur in Ligurien gibt es bunte Häuser, auch in den Gassen von Cuneo.

AKTIVITÄTEN & SIGHTSEEING

1 Durch die Arkaden von Cuneo spazieren

Es fühlt sich fast so an, als bestünde ganz Cuneo aus einer einzigen Arkade. Tatsächlich sind knapp 8 Kilometer der Stadt mit den romantischen Bogengängen überbaut. Spaziere einfach gemütlich von der **Piazza Galimberti** aus *(GPS 44.389570, 7.547736)* über die **Via Roma** und den **Corso Nizza,** lass dich durch die Arkadengänge treiben und entdecke so deine ganz persönlichen großen und kleinen Highlights in der hübschen Stadt Cuneo in deinem eigenen Tempo.

2 Pinocchio-Geschichten in Vernante lauschen

Ein wunderbar verschlafenes und recht unbekanntes Örtchen ist **Vernante.** Es wird von kleinen Gassen und Straßen durchzogen und ist vor allem für eins bekannt: die hübsch bemalten Häuser mit ihren einmaligen Wandmalereien. Die meisten von ihnen erzählen zudem Geschichten von Pinocchio, da sein Illustrator, Attilio Mussino, einst in Vernante lebte. Entdecke sie auf einem gemütlichen Spaziergang. ***Anfahrt:*** *etwa 22 km südlich von Cuneo entfernt | über die SP21 bis Roccavione und dann über die SP259 und die SS20* ***Parken:*** *Area Parcheggio Camper | GPS 44.24502, 7.53217*

3 In den Lavendelfeldern die Zeit vergessen

Lavendel gibt es nur in der Provence? Stimmt nicht. Denn das Piemont kann mit seinen *Fioritura della Lavanda* in **Sale San Giovanni** mit den großen Feldern Südfrankreichs durchaus mithalten. Zwischen Mitte Juni und Anfang Juli kannst du die Lavendelfelder auf vier unterschiedlichen Wanderwegen von einer Länge bis zu 9 Kilometern durchstreifen. Los geht es unterhalb des Ortskerns an der **Kirche Antica Pieve di San Giovanni Battista** *(GPS 44.4025557, 8.0758822)*. Dort findest du auch einen Parkplatz sowie einen Infopunkt für die Wanderungen. ***Anfahrt:*** *61 km von Cuneo | über die A33 und E17, ab San Bernadino über die SP343*

4 Das höfische Leben des Mittelalters bewundern

Schon die kleine Stadt **Saluzzo** allein ist wegen ihrer herrlichen Lage am Alpenrand und vielen mittelalterlichen Gebäuden und Kirchen einen Besuch wert. Ein

REGENTAG – UND NUN?

5 Auf den Brettern, die die Welt bedeuten

Das **Teatro Toselli** in Cuneo ist eines dieser Theater, von denen es nur noch wenige gibt: klein, authentisch und absolut gemütlich. Das Programm ist zwar meist in italienischer Sprache, aber allein für das Flair in den Innenräumen solltest du an einem Regentag in Cuneo einmal das Theatermonokel putzen. ***Anfahrt:*** *Via Teatro Giovanni Toselli, 9 | Cuneo | Tel. +39 01 71 44 48 12 | Facebook: Teatro Toselli*

besonderes Beispiel dafür ist allerdings das **Castello della Manta** wenige Kilometer vor der Stadt, das von Markgraf Tommaso I. im Jahr 1175 erbaut wurde. Berühmt ist die Burg für ihre *Sala delle Feste*, in der du manieristische Fresken bestaunen kannst, und für die *Sala Baronale*, in dem wunderbare spätgotische Fresken aus dem 15 Jh. die Wände zieren. ***Infos:*** *Okt.–Jan. 10–13 u. 14–17, März–Sept. 10–13 u. 14–18 Uhr | Erwachsene 5, Kinder 2,50 € | kostenlose Führungen So 15.30 u. 16.30 Uhr | Via De Rege Thesauro, 5 | Saluzzo* **Anfahrt:** *ca. 34 km nördlich von Cuneo | die SP25 und SP161 bis Via Gerbola und folge der Via de Rege Thesauro bis Manta*

ESSEN & TRINKEN

6 I 5 Sensi

Hier ist der Name Programm, denn alle fünf Sinne werden angeregt: Du bekommst wunderbar frische Gerichte mit lokalem Touch serviert und wirst absolut professionell durch den Abend geführt. Nimm dir ein bisschen Zeit, um dieses Geschmackserlebnis wirklich genießen zu können. ***Infos:*** *Di 19.30–21.30, Mi–So 12.30–14 u. 19.30–21.30 Uhr | Via Dronero, 4 | Cuneo | Tel. +39 13 00 44 05 | i5sensiristorante.com | €€€*

7 Pasticceria Bar Bonfante

Das urige Café erinnert fast ein wenig an die alten Kaffeehäuser in Österreich und Ungarn und befindet sich direkt in den Arkaden von Cuneo. ***Infos:*** *Di–So 7.30–20 Uhr | Via Roma, 35 | Cuneo | Tel. +39 01 71 69 26 58 | Facebook: pasticceriabonfante | €*

8 Coffee and Good Spirits

Die Cocktailbar von Francesco Corona ist mittlerweile zu mehr als nur einer Bar geworden. Hier bekommst du

GUTE WEINLAGEN

In den sanften Hügeln rund um Cuneo werden vorwiegend rote Rebsorten angebaut.

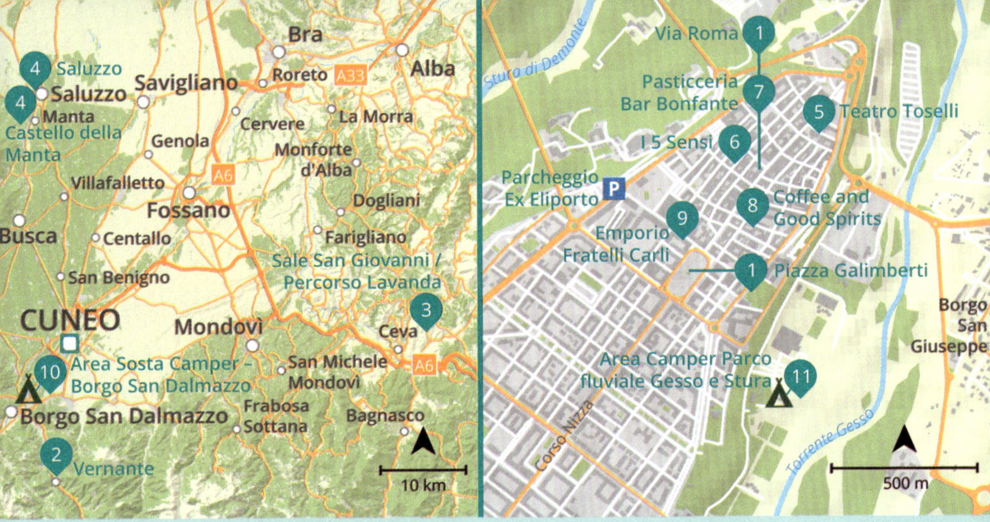

richtig guten Kaffee, hausgemachte *aperitivi* für Zuhause und Drinks in gemütlicher Atmosphäre. ***Infos:*** *Di–Do 18–1, Fr/Sa 18–2, So 17–24 Uhr | Via Peveragno, 7 | Cuneo | Facebook: Coffee AndGoodSpirits* | €€

EINKAUFEN

9 Emporio Fratelli Carli

Das berühmte Olivenöl aus Imperia gibt es auch an der Piazza Tancredi Galimberti. Wer will, kann die Vorräte hier noch einmal aufstocken. ***Infos:*** *Mi–Mo 9–13 u. 15–19.30, Di 9–19.30 Uhr | Piazza Tancredi Galimberti, 4 | Cuneo | oliocarli.it/empori/cuneo*

STELL- & CAMPINGPLÄTZE

10 Ruhig gelegen im Nachbardorf

In Borgo San Dalmazzo findest du einen kostenlosen Wohnmobilstellplatz inklusive Ver- und Entsorgung. Der Platz ist einfach, dafür aber ruhig gelegen und perfekt für einen Zwischenstopp.

Area Sosta Camper – Borgo San Dalmazzo

€ | Via Vittorio Veneto, 29 | Borgo San Dalmazzo
GPS 44.3293, 7.4913

- **Größe:** *20 Stellplätze*
- **Ausstattung:** *Ver- und Entsorgung kostenfrei*

11 Direkt im Parco Fluviale

Der einfache Stellplatz im Parco Fluviale Gesso e Stura ist praktisch für einen Stadtbesuch und liegt dazu mitten im wunderschönen Park. Hier stehst du auf einem großen, begrünten Parkplatz und bist in wenigen Minuten in der Innenstadt von Cuneo – für 5 €. Das Bergpanorama gibt es kostenlos dazu!

Area Camper Parco fluviale Gesso e Stura

€ | Parco Fluviale Gesso e Stura | Cuneo
Tel. +39 01 71 44 45 01
parcofluvialegessostura.it
GPS 44.3662828, 7.5315534

- **Größe:** *8 Stellplätze*
- **Ausstattung:** *Ver- und Entsorgung, Strom*

SÜDEN PUR

Was gibt es Schöneres, als den Tag mit Blick auf das herrlich blaue Meer in Cervo zu vertrödeln.

Wilde Hafenromantik & bunte Fischerdörfer

Von La Spezia über die Cinqueterre zur Blumenriviera

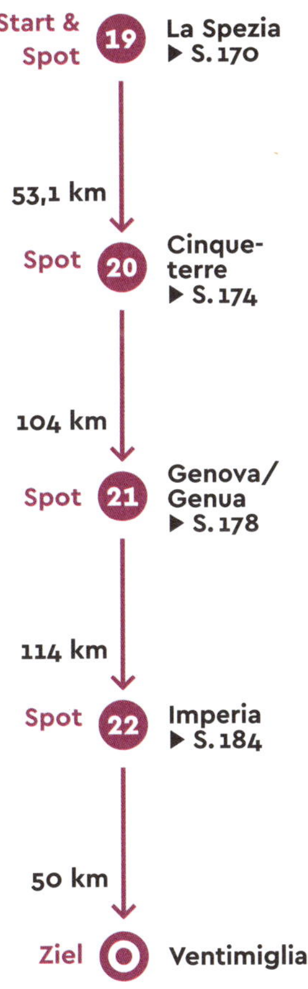

Der schmale Landbogen entlang des Tyrrhenischen Meers am oberen Rand des italienischen Stiefels eignet sich perfekt für einen Roadtrip. Viele Küstenstadtschönheiten reihen sich wie an einer Perlenkette aneinander. Starte in La Spezia im Osten, entdecke die romantischen Fischerdörfer der Cinqueterre und bahne dir den Weg durch die Hafenmetropole Genua mit ihrem unverwechselbar rauen Charme. Zu guter Letzt krönst du die Tour mit den idyllischen Stränden und Sonnenuntergängen an der legendären Blumenriviera.

Strecke 321,1 km

Reine Fahrzeit 8 Std. 30 Min.

Streckenprofil Größtenteils bestens geteerte Straßen, nur abseits der Autobahnen kann es an den Zufahrtswegen nach Portofino, Lerici und Portovenere etwas eng und kurvig werden.

Empfohlene Dauer 10–14 Tage

Anschlusstouren
E

FACTS

Tour F im Überblick

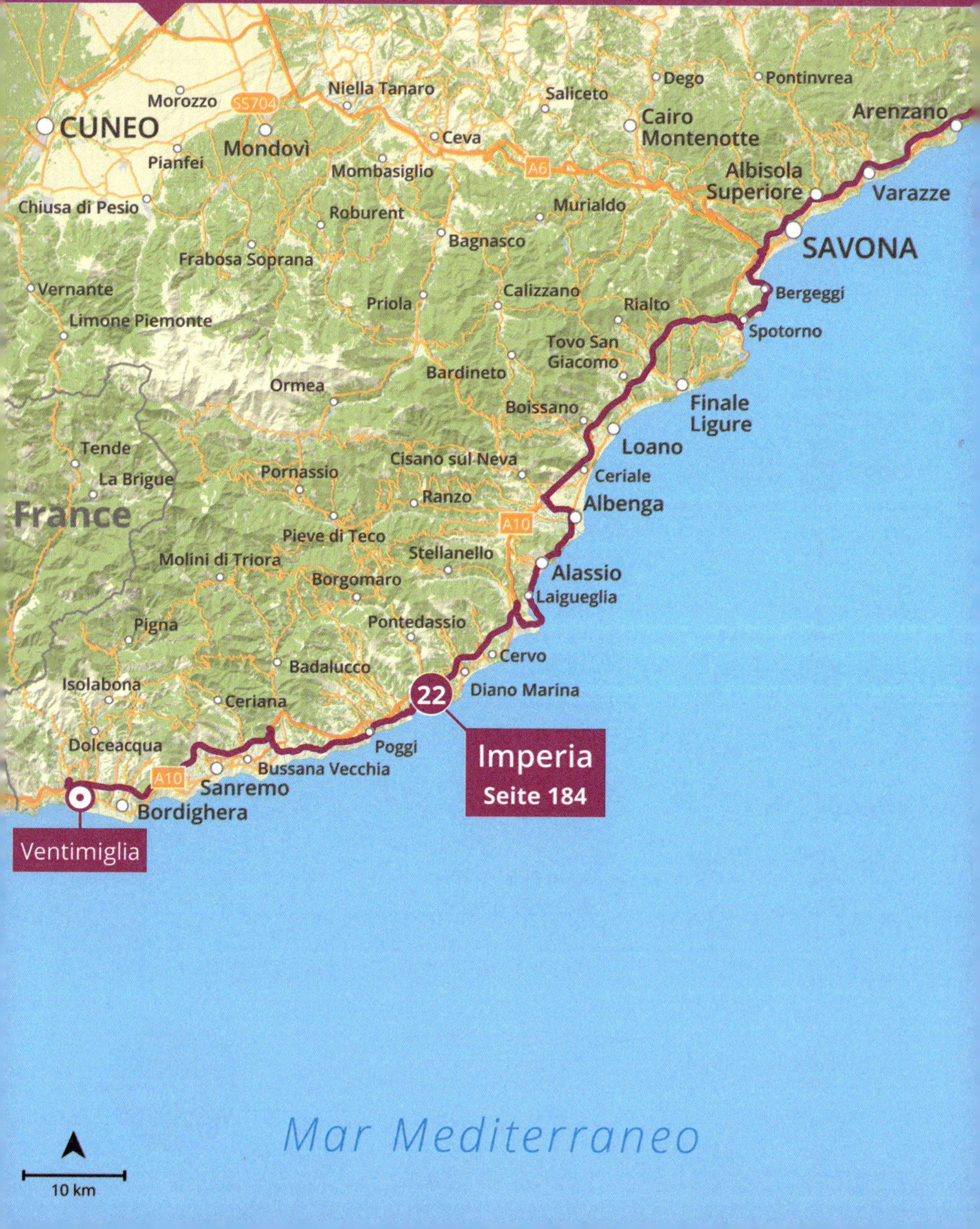

Morozzo
Niella Tanaro
Saliceto
Dego
Pontinvrea
CUNEO
Mondovì
Ceva
Cairo Montenotte
Arenzano
Pianfei
Mombasiglio
Albisola Superiore
Varazze
Chiusa di Pesio
Roburent
Murialdo
SAVONA
Bagnasco
Frabosa Soprana
Vernante
Priola
Calizzano
Bergeggi
Rialto
Limone Piemonte
Spotorno
Tovo San Giacomo
Bardineto
Ormea
Finale Ligure
Boissano
Loano
Tende
Cisano sul Neva
Ceriale
La Brigue
Pornassio
Ranzo
Albenga
France
Pieve di Teco
Stellanello
Molini di Triora
Alassio
Borgomaro
Laigueglia
Pigna
Pontedassio
Cervo
Badalucco
Isolabona
22
Diano Marina
Ceriana
Dolceacqua
Poggi
Bussana Vecchia
Sanremo
Bordighera
Ventimiglia

Imperia
Seite 184

Mar Mediterraneo

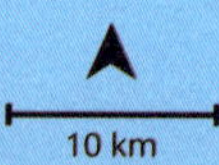

Tour-Highlights

Durch das schicke *Portofino* flanieren ▶ **S. 165**

An der malerischen Blumenriviera in den *Bagni Medusa* bei *Nervi* baden gehen ▶ **S. 166**

Auf dem *Sentiero Azzuro* die Dörfer der *Cinqueterre* erwandern ▶ **S. 175**

Echtes Pesto alla Genovese im *Mercato Orientale* von *Genua* probieren ▶ **S. 179**

Die Geschichte des Olivenbaums in *Imperia* entdecken ▶ **S. 185**

F Tourenverlauf

Start & Spot 19

La Spezia
Hafencharme trifft Badeidylle ▶ **S. 170**

9,1 km Folge der SP331 vom Hafen in La Spezia kommend erst auf der Viale Italia und später auf der Viale San Bartolomeo in nordwestliche Richtung. Biege nach 3 Kilometern links auf die Via Valdilocchi ab und fahre nach 350 Metern rechts auf die Auffahrt der A15 nach Sarzana/Lerici. Folge der A15 für 2,9 Kilometer und dann weitere 2,2 Kilometer der Via degli Scoglietti/SP331. Halte dich nach einer Rechtskurve rechts Richtung Località Vallata und verlasse den Kreisverkehr an der ersten Ausfahrt, an der Area Sosta Camper vorbei gelangst du zum Parkplatz, auf dem du dein Womo für deinen Lericibesuch parken kannst.

Lerici

Das kleine Lerici hat mit dem Charme von La Spezia so gar nichts gemein und gerade deshalb lohnt sich ein Abstecher. Während sich die bunten Häuschen und das **Castello di Lerici** malerisch an den Felsen schmiegen, kann man an den Stränden darunter hervorragend im Meer baden. Dazu eine kleine Vorwarnung: Der Strand **Lido di Lerici** und die **Spiaggia Marigola** sind bei Einheimischen sehr beliebt, gleiches gilt daher auch für die Parkplätze. Erfrischung gefällig? Dann ab in die **Bar La Baracchetta** *(GPS 44.0733612, 9.9054116)* in der Via Calata Giuseppe Mazzini. Hier bekommst du einen prima Aperol inklusive einer kleinen Platte mit Appetithäppchen, super netter Bedienung und einem Rundumblick auf die Bucht.

P *Parken in Fußweite vom Marigola Beach auf dem Parcheggio La Vallata Lerici | GPS 44.08267, 9.90974 | Ticket Sommer 1,50, Winter 1 €/Std.*

21,1 km Nach deinem Besuch in Lerici führt diese Tour zurück nach La Spezia und dann auf die andere Seite der Bucht nach Portovenere im Südwesten. Starte auf der Viale Italia/SP331 in Richtung Via Persio Aulo Flacco. Nach 220 Metern nimmst du im Kreisverkehr die erste Ausfahrt in die Viale Giovanni Amendola. Biege dann nach 900 Metern links ab auf die Via Nicolò Fieschi/SP530, der du 1 Kilometer bis zum nächsten Kreisverkehr folgst. Hier nimmst du die dritte Ausfahrt, um auf der Via Nicolò Fieschi/SP530 zu bleiben und schlängelst dich mit Blick aufs Meer die Serpentinen in Richtung Portovenere entlang. Nach 9,6 Kilometern erreichst du einen Kreisverkehr, neben dem sich der Parcheggio Località Cavo Portovenere befindet.

Portovenere

Auf dem Weg zu den Cinqueterre solltest du unbedingt einen Stopp in Portovenere einlegen. Allein deshalb, weil der Ort gemeinsam mit den berühmten fünf Dörfern und den Palmarischen Inseln zum UNESCO-Weltkulturerbe gehört. Umgeben von Bergen mit Weinterrassen und Olivenhainen, schmiegt sich Portovenere an die Felsen über dem Meer und wird auch *Golfo dei Poeti* (Golf der Dichter) genannt. Die beste Tageszeit für deinen Besuch? Der späte Nachmittag, wenn das Sonnenlicht auf die pastellfarbenen Fassaden der Fischerhäuser an der Kaimauer strahlt. Zum Verlieben!

P *Am besten fährst du mit einem Womo nicht nach Portovenere hinein. Stattdessen kannst du oberhalb der Stadt auf dem* ***Parcheggio Località Cavo Portovenere*** *parken | GPS 44.0606, 9.8445 | Shuttle-Bus zum Hafen 10–15 Min.*

Wenn du die Küste von La Spezia einmal von oben sehen willst, gibt es einen tollen Fotospot in den Hügeln des ***Parco Naturale Regionale di Portovenere*** *(GPS 44.0640, 9.8230). Fahre dafür von La Spezia kommend in Richtung Portovenere, biege aber vorher über*

BADEFREUDEN

Die genießt man zweifelsohne an der Spiaggia Marigola in Lerici.

die Serpentinenstraße in die Hügel ab. Besonders zum Sonnenuntergang hast du von hier oben den wohl schönsten (und weitesten) Blick auf die La Spezia vorgelagerten Örtchen und hinaus aufs Mittelmeer.

Insider-Tipp
Volle Fahrt voraus

*Von Portovenere aus kannst du eine **Bootstour** zu einem oder mehreren Orten der Cinqueterre unternehmen oder auch zu den Inseln Palmaria, Tino und Tinetto gondeln.*

32 km Der Weg in die Cinqueterre führt dich zunächst wieder zurück zum Hafen von La Spezia und dann steil die Hügel hinauf. Folge der SS1 immer gen Westen, bis nach rund 27 Kilometern links die SP38 abzweigt. Für weitere 5 Kilometer geht es auf der SP38 bis Monterosso al Mare. Tipp: Auf dem Weg liegen viele schöne Restaurants und Weinstuben, die einen Stopp wert sind.

Spot **20**

Cinqueterre
Bunt, bunter, Ligurien ▶ **S. 174**

74 km Weiter fährst du diese Tour zunächst auf der SP38 und der SP566dir für 23 Kilometer, um dann in Carrodano auf die unspektakuläre Mautstrecke der A12/E80 abzubiegen. Verlasse sie nach 42 Kilometern bei der Ausfahrt Rapallo und folge der SP227 di Portofino immer in Richtung Küste. Verlasse Rapallo und folge den Serpentinen über die Via Sant'Anna, Viale Milano und weiter auf den Corso Cristoforo Colombo und die SP227 di Portofino ca. 4,5 Kilometer zur Piazza Vittorio Veneto in Santa Margherita Ligure. Das ist die perfekte Basis, um einen Ausflug in das Dorf der Schönen und Reichen zu starten. Unbedingt abzuraten ist davon, mit dem Wohnmobil nach Portofino reinzufahren.

P *Parcheggio Vittorio Veneto | 2,50 €/Std. | GPS 44.3344908, 9.2138389 | Bus 782 für 3 € alle 15 Min. nach Portofino | Bustickets am Automaten an der Bushaltestelle.*

Portofino

Wer denkt, hinter dem Cinqueterregebiet wäre das Kapitel „bunte Fischerdörfer" abgehakt, liegt falsch. Denn mit Portofino liegt ein weiteres Juwel an der ligurischen Küste südöstlich von Genua. Malerischer als dieses kann ein Fischerdorf nicht sein. Und weil das so ist, trifft sich dort seit den 1950er-Jahren der Jetset. Vorbei an der **Chiesa del Divo Martino** geht es in die traumhafte Bucht, in deren eigentlich kleinem Hafen gigantische Yachten vor Anker liegen. Genau hier gesellt man sich zu den anderen und schlürft, zwischen Gutbetuchten und Einfach-mal-gucken-Wollern einen Aperol Spritz auf einer der Terrassen. Alternativ kannst du den Weg nach oben zum **Leuchtturm** bzw. zur Burg einschlagen (es geht rechts der Bucht nach oben) und betrachtest dort das bunte Treiben aus der Vogelperspektive.

Stößchen mit Stil

Die **Bar Morena da Ugo** *(Mo–Sa 8–24 u. So 8.30–24 Uhr | Piazza Martiri dell'Olivetta, 22 | Portofino)* ist gediegen und der *aperitivo* üppig. Und wer sich mal was gönnen möchte, kann auch bis ans Ende der Bucht laufen und in der **Wine Bar Winterose** *(Mi–Mo 8–10, 11–20 u. Di 11–20 Uhr | Calata Marconi, 42 | Portofino)* einen Rosé direkt am Ufer trinken. Die Preise sind happig, die Qualität aber sehr gut.

30 km Der Weg von der Portofinohalbinsel nach Genua führt erst entlang der Küste – tolle Ausblicke und schöne Parkbuchten zum Anhalten inklusive. Für Eilige kann man die Autobahnstrecke nach Genua empfehlen. Lust auf einen Abstecher ins Fischerdorf Camogli an der Westseite der Halbinsel von Portofino und direkt am Golfo Paradiso? Dann folge ab Santa Margherita Ligure der SP39 über die Via San Lorenzo für 4,2 Kilometer und dann der SS1 in Richtung Westen.

Von der SS1 biegt in Ruta die Viale Gaggini zur gleichnamigen Cappella ab und schraubt sich in Serpentinen zum perfekten Spot für einen Sonnenuntergang mit Blick auf Genua hinauf! Auf der asphaltierten Fläche unterhalb des stillgelegten ***Portofino-Kulm-Hotels*** *kann man sehr gut zum Sonnenuntergang stehen und beobachten, wie die Lichter der Großstadt langsam zu leuchten beginnen. Achtung: Die Zufahrt erfolgt durch den Torbogen des Hotels. Wer will, kann hier auch über Nacht stehen bleiben und am Morgen direkt auf den Wanderweg in Richtung Portofino starten (GPS 44.3358, 9.1707).*

Wieder zurück auf der SS1 erreichst du nach 4,7 Kilometern **Camogli** *(Parken Via G. B. Ferrari 19 | Camogli | einige Plätze für Wohnmobile mit mehr als 6 m Länge | GPS 44.3465, 9.1573)*, wo gleich noch weitere Fotomotive auf dich warten: Entlang der langen Strandpromenade erstrecken sich ganz im typisch ligurischen Farbenensemble bunte Häuser. Das Ende auf einem Felsvorsprung markiert die Basilica di Santa Maria Assunta, im Rücken gestärkt vom Castello della Dragonera. Wirklich paradiesisch wird es, wenn du dich zum Aperitif am kleinen, kuscheligen Hafen in einer Bar niederlässt und die Zeit vergisst. Von Camogli aus kannst du mit deinem Womo gemütlich über die SS1 die Küste entlang gen Genua cruisen. Nach 14,7 Kilometern erreichst du in einer halben Stunde Nervi, ein östlicher Vorort von Genua. Hier lohnt sich ein Stopp, bevor du ins laute Leben der quirlig-geschäftigen Großstadt eintauchst, oder aber ein Ausflug, um diesem zwischenzeitlich zu entfliehen.

Passegiata Anita Garibaldi/Nervi

In **Nervi** kannst du gute Seeluft einatmen und die wunderschöne Küstenlinie um Genua bewundern. Dazu eignet sich hervorragend ein Spaziergang auf der zwei Kilometer langen, rosafarben gepflasterten Strandpromenade **Passegiata Anita Garibaldi**. Der Weg führt entlang der felsigen Küste und bietet wunderbare Ausblicke *en masse*. Neben einigen hübschen Cafés und Restaurants locken vor allem die **Bagni**

Medusa mit einem Naturpool, der direkt in den Felsen gebaut ist *(Passeggiata Anita Garibaldi 27/A | Genova | Tel. +39 01 03 72 81 13 | bagnimedusagenova.it).*

Insider-Tipp
Töff, töff, töff

*Falls du Nervi von Genua aus besuchen möchtest, erreichst du den Ort von den Bahnhöfen Brignole oder Principe mit dem **Regionalzug** in 20 Minuten. Die einfache Fahrt kostet lediglich 1,90 €. Extra-Tipp: Direkt am Bahnhof kannst du dir **E-Bikes** und **SUPs** ausleihen.*

P *Stazione Nervi | Piazza Antonio Sciolla | Genova/Nervi | gegen eine Gebühr am Automaten | GPS 44.3813617, 9.0402469.*

Spot 21

Genova/Genua

Schön, aber unbezähmbar ▶ **S. 178**

114 km Verlasse Genua und die schier nie enden wollende Hafenanlage in westliche Richtung auf der E25, später A10/E80. Kleiner Badestopp gefällig? Dann lohnt sich 62 Kilometer hinter Genua eine Verschnaufpause an den Stränden von **Bergeggi,** wo das Meer in besonders

ECHT COOL …

… so ein Bad im Meerwasserpool der Bagni Medusa vor den Toren von Genua.

schönen Türkistönen leuchtet. Dafür verlässt du die E80 an der Ausfahrt Savona und folgst der Strada di Scorrimento Veloce für 6,3 Kilometer bis zur SS1 ans Meer. Nach dem erfrischenden Bad im Meer fährst du zunächst auf der SS1 gen Westen, nimmst nach 4,9 Kilometern im Kreisverkehr die erste Ausfahrt (Via Provinciale Rustia/Via Serra/SP8) und fährst bei Spotorno wieder auf die E80, die du bei Albenga auf der SP582 Richtung Meer wieder verlässt. Denn auch der im 10. Jh. gegründete Badeort **Alassio** lohnt einen Halt, um durch die Gassen der Altstadt oder am Lungomare entlangzuschlendern – und natürlich, um die köstlichen *baci d'Alassio* zu kosten und vielleicht als Souvenir mitzubringen. Auf dem Weg von Alassio nach Imperia fährst du auf der altbekannten SS1 für 9,4 Kilometer nach Marina di Andora, um dort über die Via San Lazaro in 2,9 Kilometern auf die E80/A10 zu wechseln. Nimm die Ausfahrt Imperia Est und folge erst der Svincolo Imperia Est, die in die Via Garessio und dann in die Via Giuseppe Berio/Piazza Dante übergeht. Nach ca. 2 Kilometern erreichst du die Innenstadt.

Spot 22

Imperia
Von Oliven und dem blauen Meer ▶ **S. 184**

50 km Von Imperia aus kannst du entweder über die Autobahn A10/E80 schnell nach 46 Kilometern Ventimiglia erreichen. Oder du jückelst über die SS1 durch die vielen touristischen Urlaubsorte entlang der italienischen Blumenriviera. Für eine perfekte und interessante Verschnaufpause bietet sich das mittelalterliche **Bussana Vecchia** vor den Toren von Sanremo an, das du nach 24 Kilometern in einer guten halben Stunde erreichst und das seit den 1960er-Jahren als Künstler- und Aussteigerörtchen bekannt ist. Nach Ventimiglia gelangst du schließlich nach weiteren 37 Kilometern auf der E80. Zum Zentrum fährst du auf die SS20 bis zur Via Roma mitten in Ventimiglia.

Ziel Ventimiglia

Schon mal von Ventimiglia gehört? Das italienische Kleinod ist wenig bekannt, aber der perfekte Ort für ein glorreiches Ende dieses Roadtrips entlang der ligurischen Küste und der Blumenriviera. Schlendere durch die atemberaubende **Altstadt Ventimiglia Alta,** manövriere dich durch enge Gassen und in den Fels gehauene Tunnel, erkunde den berühmten Wochenmarkt **Mercato di Ventimiglia** *(Fr 8–18 Uhr | Via Roma, 1 | Ventimiglia)*, genieße frische Meeresfrüchte und die spektakuläre Aussicht aufs Mittelmeer. Richtig guten Fisch bekommst du im **Margunaira** *(tgl. 12–15 u. 19–22.30 Uhr | Passeggiata G. Marconi, 3 | Ventimiglia | Tel. +39 01 84 35 17 31)*. Empfehlenswert sind hier besonders die frittierten Calamari und Garnelen. Frischer geht's kaum!

Giardini Botanici Hanbury
Für den perfekten Abschluss deines Aufenthalts an der Blumenriviera kannst du die wunderbare Anlage der Botanischen Gärten Hanbury besuchen. 1867 angelegt, als Thomas Hanbury die alte Villa Orengo und das Land auf der Landzunge von Capo Mortola kaufte, um daraus einen Akklimatisierungsgarten für exotische Pflanzen zu machen, hat er bis heute nichts von seinem Charme verloren.

i *1. März–15. Juni u 16. Sept–15. Okt. 9.30–17, Ausfahrt bis 18 Uhr; 16. Juni–15. Sept. 9.30 – 18, Ausfahrt bis 19 Uhr; 16. Okt.–28. Feb. 9.30–16, Ausfahrt bis 17 Uhr | Erwachsene 9, Kinder 6–14 Jahre 7,50, Familienkarte 25 € | Corso Montecarlo, 43, La Mortola | Ventimiglia | giardinihanbury.com*

P *Großer Parkplatz direkt hinter dem Bahnhof von Ventimiglia | GPS 43.792770, 7.611618 | auch gute Einkaufsmöglichkeiten | von hier 5 Minuten ins Zentrum.*

La Spezia
Hafencharme trifft Badeidylle

La Spezia gilt als Tor zum Nationalpark Cinqueterre und fügt sich zum Teil schon perfekt ins landschaftliche Bild ein. Während in Lerici bunt bemalte Häuser steil am Hang stehen und das ligurische Meer überblicken, winkt die Hafenstadt mit zahlreichen Sehenswürdigkeiten in der Altstadt, allen voran mit dem über allem thronenden Castello San Giorgio. Vor allem aber ist La Spezia der Startpunkt für viele Ausflüge und Bootstouren entlang der spektakulären ligurischen Küste, nach Portovenere und zu den Cinqueterre.

P *Kostenlose Parkplätze direkt an der Viale Giovanni Amendola | GPS 44.1062455, 9.8127792 | in perfekter fußläufiger Entfernung zum Stadtkern.*

FAST KARIBISCH …

… mutet die Stimmung durch das warme Licht im Hafen von La Spezia an.

AKTIVITÄTEN & SIGHTSEEING

1 Weitblick beweisen

Auf der Anhöhe oberhalb der Altstadt thront das **Castello San Giorgio,** die ehemalige Verteidigungsfeste der Republik Genua und damit das älteste noch erhaltene historische Gebäude. Die Grundmauern stammen aus dem 12., die Anbauten aber großteils aus dem 17. Jh. Letzte Restaurierungsarbeiten wurden erst 1998 abgeschlossen. Seitdem ist das Kastell für den Publikumsverkehr geöffnet und lädt Groß und Klein zu einer faszinierenden Erkundungstour durch ein Museum und zu einem grandiosen Ausblick auf La Spezia, den Hafen und die Umgebung ein. ***Infos:*** *Mo 9.30–12.30 u. Di–So 9.30–17 Uhr | Eintritt 5,50 € | Via XXVII Marzo | La Spezia | museodelcastello.museilaspezia.it*

Insider-Tipp
Beam me up Scotty

Die Anreise zum Schloss erfolgt einfach mit zwei ***Fahrstühlen,*** *kostenlos und 24/7 zugänglich.*

2 In die Vielfalt des Wochenmarkts eintauchen

Unter der Woche ist das überdachte, im schnörkellosen Industriestil angelegte Areal auf der **Piazza Cavour** der zentrale Treffpunkt der Einheimischen. Der Grund: Hier findet vormittags der **Wochenmarkt** *(GPS 44.10580, 9.81757)* statt und Verkäufer aus der ganzen Region strömen herbei, um ihr frisches Obst und Gemüse, Fisch, Fleisch- und Käseprodukte unter die Leute zu bringen. Es macht Spaß, den wunderbar lebendigen Trubel zu erleben. ***Infos:*** *Mo–Fr 8.30–19.30 u. Sa 8.30–14, 16–19.30 Uhr | Piazza Cavour, 1 | La Spezia*

3 Ungewöhnliche Baukunst bestaunen

Architekturliebhaber aufgepasst! Neben den ebenfalls sehenswerten Kirchen Santa Maria Assunta und Santo Giovanni e Agusto wartet La Spezia mit einem ganz besonders sakralen Bau auf: der 1956 bis 1976 erbauten **Cattedrale di Cristo Re.** Der große, markante Bau von Adalberto Libera markiert das Ende der teils arkadengesäumten Geschäftsstraße Via Vittorio Veneto und überrascht architektonisch mit dem funktionalistischen Stil der Nachkriegsära. Er fungiert heute als Bischofssitz und zentrale Kirche von

REGENTAG – UND NUN?

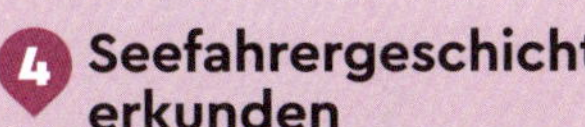

4 Seefahrergeschichte erkunden

La Spezia hat einen der bedeutendsten Militärhäfen im Mittelmeer. Kein Wunder also, dass die Stadt auch ein **Museo Tecnico Navale** besitzt, bei schlechtem Wetter ein toller Anlaufpunkt. Von Torpedos, Kanonen und Galionsfiguren bis zu einem Zwei-Mann-U-Boot wird der Erfindergeist des Militärs bezeugt. Ein schöner Einblick in die Seefahrtsgeschichte Italiens – für große und kleine Besucher. ***Infos:*** *tgl. 8.30–19.30 Uhr | Eintritt 5 € | Viale Giovanni Amendola, 1 | La Spezia | marina.difesa.it*

La Spezia. ***Infos:*** *Piazzale Papa Giovanni XXIII | La Spezia | diocesilaspezia.it*

5 Am Yachthafen die Seele baumeln lassen

Der Yachthafen von La Spezia, **Port de plaisance de La Spezia** *(GPS 44.1029867, 9.8232271)* ist der perfekte Ort für einen entspannten Spaziergang nach dem Sightseeing. Und wo die Boote und Yachten vor Anker liegen, laden zahlreiche Parkbänke zum Verweilen ein. Direkt gegenüber befindet sich mit den **Giardini Pubblici** *(GPS 44.1029874, 9.8232271)* einer der schönsten Parks der Stadt.

ESSEN & TRINKEN

6 Bella Napoli

Das rustikale Restaurant mit einer großen Terrasse und einem wunderbar eingerichteten Innenbereich kann mit den ganzen Spektrum lokaler Meeresfrüchte punkten, ist aber vor allem für seine neapolitanische Pizza und die römische Pinsa bekannt. Der Service ist gut, das Personal ist nett, die Preise sind niedrig. Und all das gibt es in toller Lage und fußläufig zu den Parkplätzen, die für Wohnmobile bestens geeignet sind. ***Infos:*** *tgl. 12–14.45 u. 18–23.45 Uhr | Via Antonio Gramsci 175/181 | La Spezia | Tel. +39 01 87 71 47 50 | bellanapolilaspezia.com | €*

7 Orange Café

Modernes Café mit hipper Einrichtung. Perfekt für einen *aperitivo* mit leckeren Snacks und guten Drinks. Nicht mehr, nicht weniger. ***Infos:*** *Mo–Sa 7–22 Uhr | Via Sant'Agostino, 43 | La Spezia | orangecafelaspezia.com | €*

EINKAUFEN

8 La Gabbianella

Kleine Boutique in der Innenstadt von La Spezia mit hübscher Keramik und

SEAFOOD TO GO

Frisches *fritto misto* ist ein idealer Snack für den kleinen Hunger zwischendurch.

gut kuratiertem Küchenbedarf – teilweise sogar fürs Camping geeignet. ***Infos:*** *Mo–Fr 9.30–13 u. 15.30–19.30, Sa 9.30–13 u. 16–19.45 Uhr | Via del Prione, 105 | La Spezia | Instagram: lagabbianella_sp*

9 Lab. Concept Store

Süßer Laden mit kleinen Accessoires und noch kleineren Dekoartikeln. Außerdem gibt es schöne Kleidung und eine tolle Auswahl an Schmuck. ***Infos:*** *Mo 16.30–19.30, Di–Do 10–12.30 u. 16–19.30, Fr 10–12.30 u. 16.30–19.30, Sa 10–13 Uhr | Via del Torretto, 35 | La Spezia | Instagram: lab.laspezia*

STELL- & CAMPINGPLÄTZE

10 Einfach, aber preiswert

Aus Mangel an Möglichkeiten muss man wohl auf den denkbar einfachen Wohnwagenpark im Hafengebiet ausweichen. Es gibt zwar keine Sanitäranlagen, dafür aber viel Platz und man zahlt mit 6 € pro Nacht für zwei Erwachsener sehr wenig. Vor der Haustür fährt unregelmäßig der Bus L ins Zentrum und zum Hauptbahnhof von La Spezia. Achtung: Du musst entweder vor 12 Uhr da sein oder ab 15 Uhr, sonst triffst du vor Ort niemanden für den Check-in an.

Area Camper – La Spezia

€ | Viale S. Bartolomeo 805/b | La Spezia
Tel.: +39 33 98 05 25 87
GPS 44.1008855, 9.8036928

- **Größe:** *70 Stellplätze*
- **Ausstattung:** *Strom, Wasser*

11 Teuer, aber schön

Der Campingplatz liegt in den Hügeln von Lerici (ca. 2 Kilometer entfernt) in einem Gelände mit dichtem Olivenbaumbestand und in spektakulärer Terrassenlage, mit dem Blick auf die Bucht von Lerici und die gegenüberliegende Landzunge. Man hat Zugang zur etwa 50 Meter langen Felsbadebucht unterhalb des Steilufers.

Campeggio Maralunga

€€€ | Via Carpanini 61 | Lerici
Tel: +39 01 87 96 65 89 | campeggiomaralunga.it
GPS 44.069907, 9.9100588

- **Größe:** *75 Stellplätze*
- **Ausstattung:** *Strom, Wäschewaschbecken, Sanitäranlagen, Brötchenservice, Kiosk, WLAN*

Spot 20

Cinqueterre
Bunt, bunter, Ligurien

Pastellfarbene Häuser, terrassenförmig an Steilhängen angelegte Weinberge und beschauliche Badebuchten, die von kargen Felswänden beschützt werden – das sind die Cinqueterre. Es wirkt wie ein Traum, der zu schön ist, um wahr zu sein. Doch ist man einmal selbst vor Ort, wird man Teil dieser perfekten Postkartenidylle. Wer den Zauber der fünf jahrhundertealten Küstendörfchen begreifen will, muss jedes einzelne mit eigenen Augen sehen. Denn jedes versprüht einen besonderen Charme – ob beim Sonnenbaden, beim Wandern, beim SUPen oder beim wohl schönsten Sonnenuntergang nördlich der Amalfiküste.

P *Parken am besten in Monterosso al Mare | Parking Fegina | GPS 44.1444655, 9.6468111 | Stazione Monterosso al Mare | Zugverbindungen auf trenitalia.com/en/services/travel-around-5-terre.html | Cinqueterre Card für 16 €/Tag | card.parconazionale5terre.it*

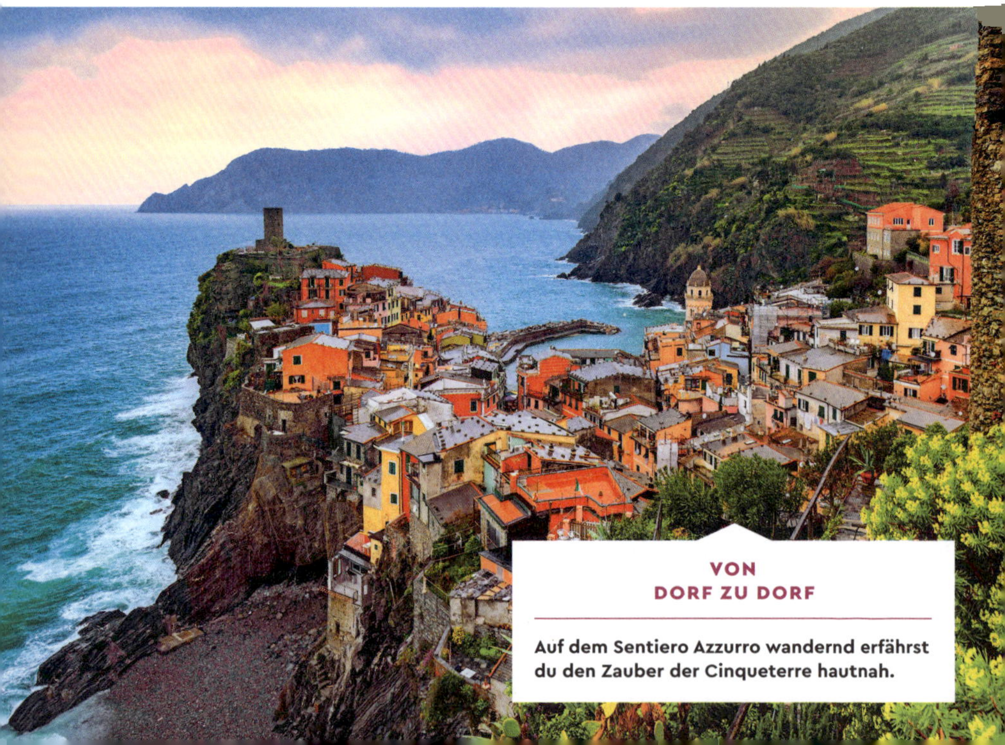

VON DORF ZU DORF

Auf dem Sentiero Azzurro wandernd erfährst du den Zauber der Cinqueterre hautnah.

AKTIVITÄTEN & SIGHTSEEING

1 In Monterosso al Mare baden gehen

Monterosso al Mare, die westlichste Ortschaft der Cinqueterre, ist auf den ersten Blick vielleicht die unattraktivste. Und doch ist es der einzige Ort mit einem richtigen Sandstrand – und der beliebteste der ganzen Region. Also: Stell dein Womo ab, pack den Bikini ein und ab an den Lido. Angeboten werden zwei Liegen samt Sonnenschirm für 35 € pro Set, das kühle Nass aber gibt es umsonst. ***Infos:*** *GPS 44.144877, 9.6431224*

2 Auf dem Blauen Weg ins Blaue wandern

Hier ist einmal mehr der Weg das Ziel: Der **Sentiero Azzurro** verbindet die Dörfer der Cinqueterreregion miteinander. Keine Sorge, man muss den Wanderweg nicht gleich komplett bewältigen, schon ein Abschnitt offenbart spektakuläre Ausblicke. Besonders empfiehlt sich dafür das Teilstück von **Vernazza** nach **Corniglia.** Für die 3,3 Kilometer lange Strecke mit 230 Höhenmetern Aufstieg und 160 Höhenmetern Abstieg solltest du 1,5 Stunden einplanen. Nota bene: Festes Schuhwerk ist seit geraumer Zeit sogar Pflicht. Nach diversen Wanderunfällen sind Flip-Flops streng verboten. ***Infos:*** *cinqueterre.it/de/sentieri/der-blaue-wanderweg*

3 Riomaggiore auf dem SUP entdecken

Das östlichste Dorf der Cinqueterre konnte seine mittelalterliche Struktur mit den eng nebeneinander stehenden Turmhäusern erhalten. Diese sind drei bis vier Stockwerke hoch, in den typisch ligurischen Farben bemalt und eine echte Augenweide. Was liegt da näher, als **Riomaggiore** vom Wasser aus zu entdecken? Neben Bootstouren stehen auch SUPs zum Verleih zur Verfügung, mit denen du nach Herzenslust vor der ligurischen Küste hin und her paddeln kannst. ***Infos:*** *SUPs können bei* ***Cinqueterre Adventure Boat Tours*** *ausgeliehen werden | 10 €/Std, 50 €/Tag | Via San Giacomo, 106 | Riomaggiore | cinqueterreadventure.com*

4 Sich in den Sonnenuntergang in Manarola verlieben

Das Dörfchen **Manarola** gilt als das malerischste Dorf von allen – vor allem abends zum **Sonnenuntergang.** Deshalb sei dir empfohlen, es als Letztes am späten Nachmittag zu besuchen. Schnapp dir ein Getränk nach Wahl und schlendere auf den Hügel in westlicher Richtung, wo sich auch das beliebte Restaurant Nessun Dorma *(nessundormacinqueterre.com, GPS 44.10768, 9.72618) befindet*. Von hier oben wirst du Zeuge, wie sich die Farben der Hausfassaden mit jedem Millimeter, den sich die Sonne gen Horizont neigt, verändern. Dieses Farbenspiel vergisst man nicht so schnell.

ESSEN & TRINKEN

5 La Terrazza Ciglioni

Einfaches, aber gutes Restaurant mit à-la-Carte-Menü und Selbstbedienung. Es gibt Pizzen, Focaccia, Croissants und mehr. Beliebt ist das Lokal vor allem für seine Terrasse direkt über dem Meer – selbstredend mit perfekter Aussicht. Man wird selbst dann geduldet, wenn man nur etwas trinken möchte. ***Infos:*** *12.30–14.30 u. 19.30–21.30 Uhr | Via Fegina | Monterosso al Mare | Tel. +39 01 87 81 75 02 | Facebook: laterrazzaciglioni | €*

6 La Conchiglia

Die wohl schönste Location hat sich dieses Lokal in Riomaggiore gesichert. Oberhalb der Treppen trinkst du deinen Aperitif mit Aussicht auf die Bucht. ***Infos:*** *tgl. 9–21 Uhr | Via San Giacomo, 149 | Riomaggiore | Facebook: La Conchiglia*

7 Bar Enrica

Wer den Abend in Manarola verbringt, sollte hier ein Essen einplanen, wo man nicht nur perfekt gegrillte Bruschetta bekommt, sondern auch fabelhafte regionale Wurst- und Käseplatten. Alles ist in perfekter Qualität, die Besitzer sind echte Manarolaner und vom windgeschützten Wintergarten aus hat man einen herrlichen Blick auf die Bucht. ***Infos:*** *Mi–Mo 8.15–20.30 Uhr | Via Renato Birolli, 133 | Manarola | Facebook: BAR Enrica | €*

8 Gelateria Vernazza

Die zentral gelegene Gelateria in Vernazza verkauft unverschämt gutes Pistazieneis, aber auch andere Eissorten, die man gegenüber im Schatten auf einer der Stufen vor der Farmacía schlecken kann. ***Infos:*** *tgl. 10–23.30 Uhr | Via Roma, 13 | Vernazza | gelateriavernazza.it*

Insider-Tipp
Maestro gelatiere

Die Gelateria Vernazza bietet einen vierstündigen Kurs zum "Amateur-Eismeister" an, bei dem man lernen kann, wie richtig gutes Eismachen geht.

TRÄUM WEITER

Am Strand von Monterosso al Mare dem Meeresrauschen lauschen.

AUSGEHEN

9 Die Strandbars von Monterosso al Mare

Von allen Orten der Cinqueterre kann Monterosso mit einer echten Strandpromenade aufwarten, insbesondere in der Nähe der Spiaggia Fegina im neueren Teil der Stadt. Hier befindet sich auch die beliebteste Ausgehmeile der Region. Starte zum Beispiel in der **Beach Bar Stella Marina** *(GPS 44.1447558, 9.6447483)* ganz im Westen der Bucht, barhoppe entlang der Via Fegina und misch dich unter die Party-People.

STELL- & CAMPINGPLÄTZE

10 Camping in 5terre

Gebührenpflichtiger Stellplatz außerhalb von Località il Poggio und unweit von Monterosso al Mare. Der Stellplatz liegt an einer Gaststätte auf größtenteils ebenem Untergrund, dafür aber ohne Schatten. Das Zentrum ist zu Fuß erreichbar, es gibt aber auch einen ÖPNV-Anschluss zur Altstadt.

Area Sosta Camper – Il Poggio

€€ | SP38 112 | Monterosso al mare
Tel: +39 36 64 24 61 63 |
parkcamperilpoggio5terre.it
GPS 44.1551059, 9.6594189

- **Größe:** *14 Stellplätze*
- **Ausstattung:** *Strom, Wasser, Grauwasserentsorgung*

11 Camping in Levanto

Die perfekte Ausgangslage für Wanderungen im Nationalpark Cinqueterre (nur 500 m zum Wanderweg 1) und obendrein noch hundelieb: Ca. 800 Meter vom Stadtkern Levantos entfernt stehst du auf ebenem Wiesengelände, das durch Terrassen, Laubbäume und Hecken unterteilt ist.

Camping Pian di Picche

€ | Loc. Pian di Picche | Levanto
Tel: +39 01 87 80 05 97 | piandipicche.it
GPS 44.1749393, 9.6210919

- **Größe:** *100 Stellplätze, 2 Mietunterkünfte*
- **Ausstattung:** *Strom, Wasser, Brötchenservice*

Genova/Genua
Schön, aber unbezähmbar

Das wilde Genua – die Hafenstadt hat einen Charme, an den man sich erst einmal gewöhnen muss. Und dann ist man plötzlich ein klein wenig verliebt. Die ligurische Hauptstadt gilt vor allem als Warenumschlagsplatz und als der Ort, an dem die Fähren nach Sardinien, Korsika und Tunesien ablegen. Wer ihrem rauen Charakter erst einmal etwas abgewonnen hat, findet in den verwickelten Gassen der Altstadt wunderbare Jugendstilcafés, erhabene Palazzi, den Geburtsort von Kolumbus und eine junge Szene, die die Nacht zum Tag macht.

P *Parken auf dem Parcheggio Camper La Marina in Hafennähe | Via della Marina | GPS 44.403565, 8.930506 | 4 €/Std., ab 8 Std. 30 €/24 Std. auch über Nacht.*

GESELLIG

Die Piazza dei Ferrari ist in den Abendstunden ein beliebter Treffpunkt.

AKTIVITÄTEN & SIGHTSEEING

1 Den Überblick gewinnen

Der beste Ort, um eine Übersicht über Genua zu bekommen, ist der **Belvedere Luigi Montaldo** (auch Spianata Castelletto genannt). Am besten läufst oder fährst du gleich morgens hoch. Entweder von der Via Garibaldi aus über eine Treppe oder von der Piazza del Portello mit dem supercharmanten Jugendstilaufzug Ascensore Castelletto Levante. Von oben scheinst du über dem historischen Zentrum zu schweben und genießt einen herrlichen Blick auf die Stadt und den Hafen. ***Infos:*** *Ascensore rund um die Uhr geöffnet | kostenlos | Piazza del Portello | Genova*

Insider-Tipp

Eine Runde um den Block

Schau aber nicht nur in die Ferne, sondern auch um die Ecke, denn am Belvedere wirst du ein paar einladende Cafés, Restaurants, Eisdielen und natürlich schöne Fotomotive ausmachen.

2 Sich durch die alte Markthalle schlemmen

Auf der Shoppingmeile Via XX Settembre versteckt sich der **Mercato Orientale,** durch den du unbedingt eine Runde drehen solltest. Während es im äußeren Ring bunte Marktstände und zahlreiche kleine Espressobars gibt, besteht der Innenraum aus einer modernen Food Hall mit Stühlen und Tischen zum Niederlassen. Hier kannst du dich nach Herzenslust quer durch die italienische, aber auch andere Küchen der Welt schlemmen. ***Infos:*** *Di–Do u. So 10–23, Fr/Sa 10–23, Mo 10–15 Uhr | Via XX Settembre, 75r | Genova | moggenova.it*

3 Das Geburtshaus von Kolumbus besichtigen

Den Mann, der Amerika entdeckte, kennt jeder. Doch kaum einer weiß, wo der Seefahrer Christoph Kolumbus im Jahr 1451 eigentlich geboren wurde. In Genua! Genauer gesagt in einem denkbar unscheinbaren Haus, das heute **Casa di Colombo** genannt wird. Auf der anderen Seite der Porta Soprana versteckt sich das vermeintliche Geburtshaus des legendären Weltreisenden. Während das ursprüngliche Haus bei der Bombardierung Genuas durch die Franzosen 1684 zerstört wurde, wurde das heutige Gebäude Anfang des 18. Jh. auf der Grundlage der ursprünglichen Ruinen wieder aufgebaut. ***Infos:*** *Di–So 11–18 Uhr | Eintritt 3 € | Via di Porta Soprana | Genova | museidigenova.it*

4 Das Cinqueterre-Dorf von Genua entdecken

Auch Genua hat ein buntes Traumdörfchen. Es heißt **Boccadasse** und liegt etwas außerhalb des Stadtzentrums direkt am Meer. Falls du dein Womo lieber in Genua lassen willst, kannst du deinen Ausflug auch mit dem Bus 31 vom Bahnhof Genua Brignole am Ende der Via XX Settembre starten. Die beste Zeit, um hierherzukommen, ist mal wieder der Sonnenuntergang, wenn die Menschen sich am Strand entspannen und einen Drink nehmen oder in einem der Restaurants zu Abend essen.

5 Die Paläste des Adels erkunden

Genua hat ein Weltkulturerbe mitten in der Stadt: die **Palazzi dei Rolli** entlang der Strade Nuove, also der Straßenzüge, die im 16. Jh. für die Palazzi der reichen Genueser angelegt wurden. Da dem Adel die enge Altstadt nicht mehr gut genug war, wurden in nicht mal 100 Jahren 163 Stadtpaläste gebaut. In viele dieser sehr gut erhaltenen Palazzi in der Via Garibaldi kannst du zumindest in den Eingangsbereich einen Blick werfen. Die Palazzi Rosso, Bianco und Doria Tursi können als Museum auch im Inneren besichtigt werden. ***Infos:*** *Di–So 9/9.30–18.30 Uhr, im Sommer länger | Eintritt 9 € | Via Garibaldi | Genova | pa lazzideirolli.it, rolliestradenuove.it*

6 In das Flair der Piazza eintauchen

Die **Piazza De Ferrari** im Stadtteil Molo *(GPS 44.40720, 8.93403)* ist ein beliebter Treffpunkt der Genueser und hat mit dem großen verzierten Brunnen in ihrer Mitte ein markantes Hauptmerkmal. Zahlreiche Düsen spritzen das Wasser in beeindruckend symmetrischer Form ins Becken. Unbedingt solltest du einen Blick auf das umliegende Gebäudeensemble werfen, darunter der Dogenpalast, die Börse von Genua, das Theater Carlo Felice und der Palast des Herzogs von Galleria.

7 Den majestätischen Leuchtturm bestaunen

Seit 1128 geht allabendlich am westlichen Ende des Hafens das Licht an. Kein Wunder, dass der Leuchtturm von Genua damit zu den Wahrzeichen der Hafenstadt gehört – schließlich ist er der älteste noch funktionierende Leuchtturm der Welt. 77 Meter hoch thront der **Torre della Lanterna di Genova** auf einem 40 Meter hohen Felsen, schön anzuschauen vom kleinen Park zu seinen Füßen. ***Infos:*** *Fr–So 10–18 Uhr | Eintritt 8 € | Rampa della Lanterna | Genova | lanternadigenova.it*

8 Flaniere am antiken Hafen entlang

Der interessanteste Teil des Hafens ist der komplett renovierte **Porto Antico,** der heute weit mehr als Hafenromantik bietet. Trinke einen Kaffee in einem der

REGENTAG – UND NUN?

9 Unter die Wasseroberfläche schauen

Schlechtwetter ist die perfekte Zeit für einen Besuch im 2004 eröffneten **Galata Museo del Mare.** Hier erlebst du Nautik und Co. zum Anfassen. Nicht nur, dass es ein U-Boot und eine genuesische Galeere in Originalgröße gibt, du kannst sogar in ein Rettungsboot steigen, das verzweifelt versucht, die Wellen vor Kap Horn zu überwinden. Oder willst du dich lieber in den italienischen Auswanderer auf der Transatlantikroute nach Ellis Island reinversetzen? ***Infos:*** *Di–Fr 10–18, Sa/So/Fei bis 19 Uhr | Erwachsene 17, ermäßigt 12 € | Calata Ansaldo De Mari, 1 | Genova | galatamuseodelmare.it*

Cafés, bummle durch die vielen Shops und genieße den Blick auf die ablegenden Fähren nach Tunesien oder Korsika. Der beste Ausgangspunkt für einen Streifzug durch den Porto Antico ist die Metrostation San Giorgio *(GPS 44.40898, 8.92866)*. Alternativ kannst du im **Acquario di Genova** entlang von 39 Becken Pinguine, Delfine, Haie, Robben und andere Meeresbewohner hautnah erleben. ***Infos:*** *Mo–Do 9–20 Uhr | Erwachsene ab 22, Kinder 4–12 Jahre 14 € | Area Porto Antico/Ponte Spinola | Genova | acquariodigenova.it*

10 Verliebe dich in die Welt des Films

Filmbegeistert? Dann ab ins Museo Internazionale del Cinema in einer historischen Markthalle. Nur ein paar Schritte vom Aquarium entfernt befindet sich mit dem **Cine Ciak (FantaCinema)** eine imposante Filmausstellung mit Statuen, Büsten und anderen Requisiten. Tauche ein in die Welt von Batman, Star Wars, Der Herr der Ringe, Harry Potter, King Kong, James Bond und mehr. ***Infos:*** *tgl. 10–19 Uhr | Erwachsene 5 €, Kinder bis 12 Jahren kostenlos | Magazzini del Cotone, Porto Antico di Genova | Genova | museointernazionaledelcinema.it*

ESSEN & TRINKEN

11 RetroCucina

Wer in Genua ist, muss Fisch essen. Zum Beispiel in diesem hübschen, traditionellen Fischlokal, das sich auch übersetzt Retroküche nennt. Besonders lecker ist die ligurische Fischterrine *cappun magru*, zu dem die Auswahl an lokalen Weinen das Pünktchen auf dem i ist. ***Infos:*** *Di–Fr 19.15–23.30, Sa–So 12.15–14.30 u. 19.15–23.30 Uhr | Vico Lepre, 4-8-10 rosso | Genova | retrocucina.com | €€*

FREMDE WELTEN

In der Biosfera-Kugel des Aquariums im Porto Antico kannst du exotische Tiere und Pflanzen bestaunen.

12 Focacceria San Lorenzo

Einfache Focacceria in der Innenstadt, in der du unbedingt die in Genua erfundene *focaccia formaggio* probieren solltest. Dabei wird nach Gewicht berechnet. Für den schnellen Verzehr gibt es Stehtische vor dem Laden. Perfetto! ***Infos:*** *tgl. 7–20 Uhr | Via San Lorenzo, 91 | Genova | €*

13 Caffè degli Specchi

Das wohl schönste Café Genuas befindet sich im lebendigen Viertel rund um die Piazza delle Erbe und kommt im Jugendstil samt hübschem Gewölbe, ausgekleidet mit Kacheln und Spiegeln, daher. ***Infos:*** *tgl. 8–21.30 Uhr | Salita Pollaiuoli, 43/R | Genova | caffedegli specchi.it*

14 La Cremeria delle Erbe

In der Vico delle Erbe 15 gibt es das beste hausgemachte Eis in ganz Genua. Versprochen! ***Infos:*** *So–Do 11–1, Fr/Sa 11–2 Uhr | Vico delle Erbe, 15 | Genova*

EINKAUFEN

15 Pietro Romanengo fu Stefano

Die Traditionsconfiserie bietet seit 1814 kandidierte Veilchenblüten und andere Zuckerträume für Verliebte an. Gleich nebenan befindet sich das dazugehörige Café, das perfekt ist für eine Verschnaufpause vom Sightseeing. ***Infos:*** *Mo–Sa 10–19 Uhr | Via di Soziglia, 74/76 r | Genova | romanengo.com*

AUSGEHEN & FEIERN

16 Les Rouges

Hier startet der Abend mit einem Aperitif, geht in gediegenes Abendessen über und endet mit dem ein oder anderen Cocktail mit Gleichgesinnten. Das Les Rouges ist ein wahrlich histori-

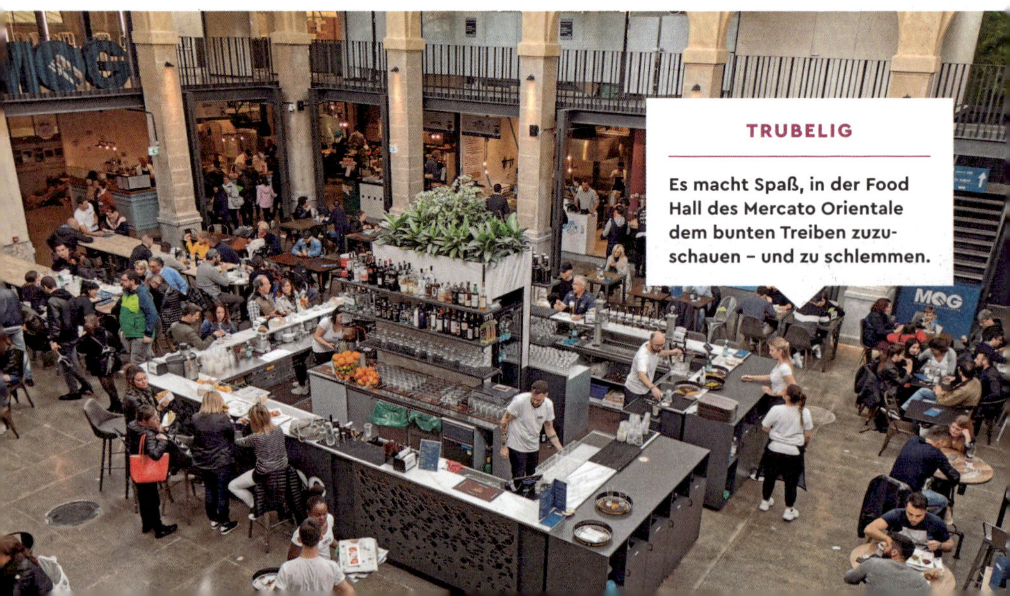

TRUBELIG

Es macht Spaß, in der Food Hall des Mercato Orientale dem bunten Treiben zuzuschauen – und zu schlemmen.

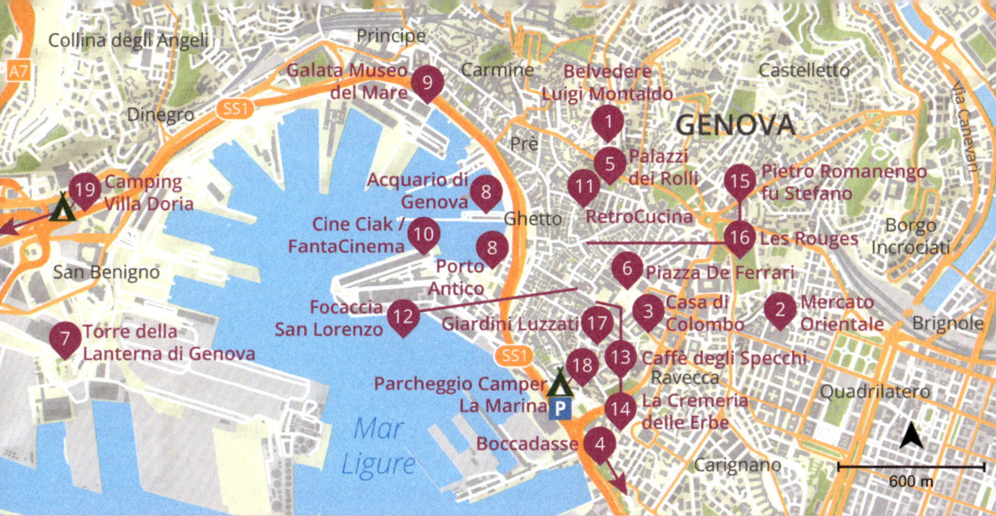

scher Ort im altehrwürdigen Palazzo Imperiale, in dem das moderne, internationale Flair Wunder wirkt. ***Infos:*** *Mi–Do 18–23, Fr–Sa 18–24, So 18–22 Uhr | Campetto, 8a/Primo Piano | Genova | lesrouges.it*

17 Giardini Luzzati

Hier treffen sich die jungen Kreativen der Stadt. Der kreative Space liegt zwar im historischen Zentrum von Genua, fühlt sich dank der lebendigen Atmosphäre aber viel weiter weg an. Es gibt neben einem biergartenartigen Bereich wechselnde kulturelle Veranstaltungen und Livemusik. ***Infos:*** *tgl. 10–23 Uhr | Piazza Giardini Luzzati, 1 | Genova | Facebook: Giardini Luzzati – Spazio Comune*

STELL- & CAMPINGPLÄTZE

18 Der Simple

Richtig zentral stehen kannst du direkt am Hafen. Der Parkplatz ist explizit für Womos ausgewiesen (▶ S. 178). Allerdings gibt es weder Sanitäranlagen noch Strom oder Wasser, stattdessen aber den Lärm der Hafenstraße. Für einen Besuch der Stadt dennoch perfekt.

Parcheggio Camper La Marina

€ | Via della Marina | Genova
GPS 44.403565, 8.930506

▶ **Größe:** *10 Stellplätze*

19 Der Ruhige

Einen schlichten Campingplatz, der zwar weiter weg, dafür aber viel ruhiger ist, findest du in einem engen Tal am Ortsrand von Pegli – ein perfekter Stützpunkt für Genuabesucher, da die Bushaltestelle in Gehweite liegt. Man zahlt 10 € für das Womo und 10 € für jeden Erwachsenen.

Camping Villa Doria

€€ | Via Al Campeggio Villa Doria, 15 | Genova
Tel: +39 01 06 96 96 00
campingvilladoria.it
GPS 44.4338824, 8.8143758

▶ **Größe:** *46 Stellplätze, 4 Mietbungalows*
▶ **Ausstattung:** Strom, Wasser, Entleerung von Abwassertanks, Brötchenservice, Waschmaschinen und -trockner

Imperia

Von Oliven und dem blauen Meer

Wenn man sich Imperia von Westen her nähert, öffnet sich auf der Straße, die der Küste folgt, plötzlich der Blick auf eine große, wunderschöne Bucht mit blau schimmerndem Wasser, umgeben von majestätischen Hügeln, die mit farbenfrohen orangefarbenen Gebäuden bedeckt sind. Die Küstenstadt wurde durch den Zusammenschluss von Oneglio, Porto Maurizio und einigen umliegenden Dörfern gegründet und verzückt Reisende mit einer Mischung aus entspannter Hafenromantik und botanischer Historie. Denn hier in Imperia kannst du das einzigartige Olivenmuseum besuchen, das der Bedeutung der Frucht auf den Grund geht.

P *Parken auf dem zentralen Parcheggio an der Piazzale Maestri del Commercio Imperiese am Hafen | GPS 43.8872666, 8.039234.*

SEHNSÜCHTIG

Von Borgo Paraiso in Imperia schweift der Blick über das tiefblaue Meer.

AKTIVITÄTEN & SIGHTSEEING

1 Der Olive auf der Spur

Von Olivenöl bis Olivenpaste: Wenn du das berühmte Exportgut der italienischen Riviera, die Olive, genauer kennenlernen willst, solltest du unbedingt das 1992 eröffnete **Museo dell'Olivo Carlo Carli** besuchen. Hier wird die 6000-jährige Geschichte des Olivenbaums im Mittelmeerraum in liebevoll inszenierten Ausstellungen veranschaulicht. Neben dem Museum gibt es auch einen Laden und ein Restaurant. ***Infos:*** *Di–Sa 10–13 u. 15–18 Uhr | Erwachsene 5, ermäßigt 2,50 €, Kinder bis 6 Jahre kostenlos | Via Garessio, 13 | Imperia | museodellolivo.com*

2 An den Stränden entspannen

Oneglia Beach, Borgo Prino und **Koko Beach** – Imperia hat viele vorgelagerte Kiesstrände, die meisten unweit vom Hafen. Sie eignen sich perfekt für ein Bad im Mittelmeer. Der wohl schönste Strand aber liegt rund 8 Kilometer südwestlich der Innenstadt in **San Lorenzo al Mare** *(GPS 43.8587847, 7.9526151)*. Das Dorf hat schon aus der Vogelperspektive die Form eines Ankers und lockt mit einem tollen Badestrand mit angenehm dörflichem Charme.

Insider-Tipp
Surf's up

*An der **Spiaggia d'Oro** kannst du bei guten Bedingungen das Surfbrett schnappen und Wellen reiten. Fast einmalig an dieser Küste!*

3 Den Hafen erkunden

Ein vielversprechender Ort für eine Verschnaufpause am Wasser ist der **Porto di Oneglia** *(GPS 43.8870183, 8.0374935)*, der ausschließlich dem Handelsverkehr und den lokalen Fischereibetrieben vorbehalten ist. Bei der Fülle an Bars und Restaurants wird sicher jeder fündig (Tipp: Bar Riviera Caffè, ▶ S. 187), und sei es nur für einen Sundowner mit Ausblick auf das Treiben im Hafen. Bemerkenswert ist die Promenade mit dem Portikus der Calata Cuneo auf der einen und dem Yachthafen auf der anderen Seite.

4 Auf der Piazza bummeln

Das lebhafte Herz von Oneglia in Imperia ist die **Piazza Dante** *(GPS*

REGENTAG – UND NUN?

5 Seemann, ahoi!

Wenn du dich für alles Maritime interessierst, ist ein Besuch des **Museo Navale e Planetario del Ponente Ligure** ein Muss. Seit 1980 präsentiert die Ausstellung in 14 Bereichen das unschätzbare Erbe der ligurischen und nationalen maritimen Traditionen vom 18. bis zum 20. Jh. Dich erwartet unter anderem eine Sammlung von Werkzeugen, die für den traditionellen Holzschiffbau benutzt werden, aber auch auf die Geschichte der Seefahrt wird eingegangen ***Infos:*** *Sa 17.30–21.30 u. So 15–18 Uhr | Eintritt 6,50 € | Calata Anselmi | Imperia | imperiaexperience.it*

43.8898158, 8.0373265), ein bezaubernder Platz, der von eleganten ockerfarbenen, neoklassizistischen Gebäuden gesäumt ist und in dessen Mitte sich ein idyllischer Brunnen befindet. Nicht übersehen sollte man die historischen, grünen Kioske aus anderen Epochen und die vielen Straßencafés.

ESSEN & TRINKEN

6 Sosta e Gusta

Davide und Cristina führen das kleine Restaurant in der Innenstadt von Imperia mit wechselnden Mittagsgerichten, die immer frisch zubereitet sind und zu fairen Preisen verkauft werden. Lecker, schmecker. ***Infos:*** *Mo–Sa 9–14.30 Uhr | Via Ospedale, 56 | Imperia | Instagram: sostaegusta.imperia | €*

7 Bar Riviera Caffè

Direkt am Porto Oneglia findest du diese einfache Bar, die ideal ist für einen kleinen Snack wie eine traditionelle *foccachia sardenaira* mit einem kühlen Lemon Soda samt Blick auf das Meer. Was will man mehr? ***Infos:*** *Mo 7–21, So u. Di–Do 7–24, Fr/Sa 7–2 Uhr | Via Giovanni Battista Cuneo, 53 | Imperia | €*

8 Bar Agostino

Rosa Ledersofas mit dem Flair der 1920er-Jahre – das findest du in der Bar Agostino, in der sich allmorgendlich Stammgäste treffen, die sich alle schon seit vielen Jahren zu kennen scheinen. Eine tolle, authentische Atmosphäre. ***Infos:*** *Mo–Sa 4.30–19 Uhr | Corso Dante, 4 | Imperia*

EINKAUFEN

9 La Macina per Eataly

In diesem hübschen kleinen Laden kannst du alle möglichen italienischen Leckereien kaufen – von Pasta bis hin zu fertigen Saucen. Manchmal gibt es mit-

tags auch fertige Gerichte zum Mitnehmen ***Infos:*** *Mo–Sa 9.30–13, 15.30–19.30, So 9.30–13 Uhr | Via Ospedale, 14 | Imperia | Facebook: lamacina.eataly*

STELL- & CAMPINGPLÄTZE

10 Übernachten mit Kieferngeruch

Am westlichen Stadtrand von Imperia und nur 100 Meter vom Meer entfernt liegt dieser Campingplatz umringt von teils jahrhundertealten Bäumen im Park einer antiken Villa. Die Stellplätze befinden sich im Schatten von Kiefern, Palmen, Eukalyptus-, Orangen- und Olivenbäumen. Die Strandpromenade ist über eine Fußgängerunterführung erreichbar und bietet jede Menge Eisdielen, Bars, Restaurants und einen öffentlichen Strand. Mit 15 € fürs Womo und 9 € für jeden Erwachsenen sind die Preise in Ordnung.

Camping Eucalyptus – Imperia ☼

€€ | Via Gabriele D'Annunzio 30 | Imperia/IM Tel: +39 018 36 15 34 | campingeucalyptus.com GPS 43.871013, 8.0044005

▶ **Größe:** *100 Stellplätze*
▶ **Ausstattung:** *Strom, Wasser, Duschen, WLAN*

11 Übernachten mit Eukalyptusgeruch

Auf diesem Campingplatz übernachtest du einen Kilometer vom Zentrum von Imperia entfernt in einer ruhigen, schattigen Gegend, 100 Meter vom Meer entfernt und umgeben von bunten Oleanderblüten und duftenden Eukalyptusbäumen. Die Sanitäranlagen sind vollständig renoviert. Es gibt über 100 ca. 40 Quadratmeter große und gut beschattete Stellplätze für 13 € plus 10 € pro Erwachsenem.

Camping De Wijnstok ☼

€€ | Strada Comunale Poggi 2 | Imperia Tel: +39 018 36 49 86 | campingdewijnstok.com GPS 43.868807, 7.995881

▶ **Größe:** *100 Stellplätze, einige Mobilheime & Bungalows*
▶ **Ausstattung:** *Strom, Wasser, Grauwasser-Entsorgung, Sanitäranlagen, Minigolf, Strand*

Planen – Packen – Losfahren

Anreise

Je nach Startpunkt in Deutschland ist man sehr schnell in Bella Italia. Meist geht es durch einen Tunnel oder über einen Bergpass und schon kann man das Radio auf Ramazzotti, Zucchero & Co. stellen. Grundsätzlich gilt jedoch für die Anreise nach Italien: Ein bisschen Vorbereitung schadet nie. So ist es zum Beispiel wichtig, bereits im Voraus eine Vignette für die Durchfahrt der Schweiz zu organisieren, um vor Ort die Wartezeit an der Tankstelle zu reduzieren. Auch ist es ratsam, einmal beim ADAC zu überprüfen, ob die Tunnel und Pässe regulär geöffnet sind, um böse Überraschungen zu vermeiden. Egal aus welcher Richtung man in Deutschland kommt, führen grundsätzlich alle Wege über Bellinzona in der Schweiz nach Nordwestitalien. Dabei kann die Strecke zwischen einer Anreise über Freiburg i. Br. und Luzern, Villingen-Schwenningen und Zürich oder Ulm und Lindau am Bodensee variieren.

STRECKENCHECK

	**Stuttgart Schaffhausen Gotthard Bellinzona Locarno**	**Entfernung** 425 km **Reine Fahrzeit** ca. 5 Std.	**Kosten** 42 € Vignette in der Schweiz
	**Stuttgart Ulm Lindau Vaduz (LIE) San Bernardino Bellinzona Locarno**	**Entfernung** 449 km **Reine Fahrzeit** ca. 5 Std.	**Kosten** 42 € Vignette in der Schweiz
	**Karlruhe Freiburg i. Br. Basel Luzern Bellinzona Locarno**	**Entfernung** 465 km **Reine Fahrzeit** ca. 5 Std. 30 Min.	**Kosten** 42 € Vignette in der Schweiz

KARLSRUHE
STUTTGART
NANCY
STRASBOURG
Ulm
Breisgau Camping am Silbersee
Deutschland
MÜNCHEN
FREIBURG IM BREISGAU
2
3
MULHOUSE
Thayngen
Bodensee
Lörrach
Camping Schaffhausen
LINDAU
BELFORT
BASEL
Brücke
Therme Lindau
Museum Pantheon Basel
Alter Rhein
1
LIE
INNSBRUCK
BESANÇON
Vaduz
Österreich
LUZERN
BERN
Schweiz
Göschenen
Suisse / Svizzera / Svizra
Hinterrhein
BOLZANO BOZEN
Airolo
LOCARNO & ASCONA
Bellinzona
TRENTO
A
B
LUGANO
ANNECY
LECCO
Italia
D
COMO
VARESE
BERGAMO
BRESCIA
VICENZA
AOSTA / AOSTE
NOVARA
MILANO
C
VERCELLI
PAVIA
MANTOVA
TORINO
CREMONA
ASTI
PIACENZA
ALESSANDRIA
France
E
F
REGGIO NELL'EMILIA
CUNEO
GENOVA
BOLOGNA
SAVONA
LA SPEZIA
PISTOIA
MASSA
NICE
IMPERIA
PISA
FIRENZE
Mar Ligure
MONACO
LIVORNO
SIENA
60 km
Mar Mediterraneo

STUTTGART SCHAFFHAUSEN GOTTHARD BELLINZONA LOCARNO

Andiamo! Es kann endlich losgehen. Ab Stuttgart startest du zunächst über die A81 in Richtung Böblingen. Dieser folgst du nun einfach für die nächsten 292 Kilometer vorbei an Rottweil und Villingen-Schwenningen, bis du mit Thayngen Schweizer Boden unter dem Wohnmobil erreicht hast. Grüezi! Nun folgst du der A4 in Richtung Schaffhausen. Knapp 159 Kilometer hinter der Schweizer Grenze kannst du am **Camping Schaffhausen** *(8246 Feuerthalen | GPS 47.687068, 8.6564561)* einen Übernachtungsstopp einlegen. Der Stellplatz liegt direkt am Rhein und unweit vom 96 Meter hohen freistehenden Antennen- und Aussichtsturm **Cholfirst** *(GPS 47.6810202, 8.6467716)*, der dir einen tollen Blick über die Region bietet. Einkaufen kannst du im Coop Feuerthalen Rhymarkt.

Ausgeschlafen geht es am nächsten Morgen weiter. Dafür fährst du zurück auf die A4 in Richtung Zürich/Wülflingen und folgst der Beschilderung nach Zürich. Es geht vorbei an Winterthur, dann auf die A1 St. Gallen Richtung Zürich bis zur Ausfahrt Bern/Chur/Luzern und zurück auf die A4. Ab hier beginnt eine schöne Strecke, die dich nah an den Zuger und Vierwaldstättersee bringt, bevor es ab Göschenen in den 17 Kilometer langen Gotthard-Strassentunnel bis nach Airolo geht. Den Gotthardtunnel kannst du komplett kostenlos befahren. Von hier aus ist es nicht mehr weit, denn nur 82 Kilometer trennen dich jetzt noch von deinem Ziel Locarno. Dafür folgst du der A2 bis zur Ausfahrt 47-Bellinzona Sud, weiter in Richtung Locarno bis zur Ausfahrt nach Locarno über die A13. *Arrivato!*

STUTTGART ULM LINDAU VADUZ (LIE) SAN BERNARDINO BELLINZONA LOCARNO

Die wohl schönste Anfahrt nach Locarno ab Stuttgart ist die folgende Route. Dafür verlässt du Stuttgart über die A8 in Richtung München bis Elchingen und folgst dann der A7 in Richtung Kempten und Lindau. In Lindau am Bodensee solltest du unbedingt einen Stopp einlegen. Empfehlenswert ist dafür der **Wohnmobilparkplatz** *(Tagesticket inkl. Übernachtung 20 €)* hinter den neu gebauten **Thermen** *(tgl. 9–24 Uhr | Eichwaldstraße 16-20 | Lindau a. Bodensee | therme-lindau.com | GPS 47.5504, 9.7195)*. Von hier aus kannst du die Insel- und Gartenstadt Lindau zu Fuß oder mit dem Fahrrad schnell erreichen.

Thermenbesucher zahlen nur 3 € auf dem Wohnmobilparkplatz.

Von Lindau geht es zunächst über die A14 in Richtung Rheintal/Walgau bis zur Ausfahrt 9 nach Bregenz und wieder zurück auf die A14 und damit ein kleines Stück durch Österreich. Für dieses Teilstück benötigst du keine Vignette.

Über die Brücke Alter Rhein fährst du in die Schweiz. Folge nun der A13. Diese führt dich direkt am Rhein entlang und damit an die Grenze zu Liechtenstein, das sich jetzt zu deiner linken Seite befindet. Wenn du noch ein wenig Zeit hast, kannst du auch einen kurzen Stopp in Vaduz einlegen. Dafür nimmst du die Ausfahrt 9-Sevelen, fährst weiter auf die A8 und nimmst dann die Ausfahrt 27-Altach in Richtung Altach/Götzis. Parken kannst du dafür direkt im Zentrum *(GPS 47.1394, 9.5209)*. Die erste Stunde parkst du hier kostenlos, danach kostet es 1,50 €. Vom Parkplatz aus kannst du das Zentrum von Vaduz erkunden oder aber innerhalb von knapp 20 Minuten zum Schloss Vaduz schlendern. Besuchen kannst du das Schloss leider nicht, doch für ein Fotomotiv ist es definitiv den kleinen Spaziergang wert.

Von Vaduz aus geht es wieder auf die A13. In Höhe von Hinterrhein fährst du in den 6596 Meter langen San Bernadinotunnel, der dich vom Kanton Graubünden in der Südostschweiz nach San Bernardino bringt. Bei der Ausfahrt in Richtung A2 verlässt du die A13 und richtest dich nach den Schildern in Richtung Milano, Lugano, Locarno und Bellinzona Sud. An der Ausfahrt 47 fährst du rechts ab Richtung Locarno – bereit für den Urlaub? Dann kann es jetzt losgehen.

KARLSRUHE
FREIBURG I. BR.
BASEL
LUZERN
BELLINZONA
LOCARNO

Von Karlsruhe geht es vorbei an Baden-Baden, Offenburg und Freiburg i. Br. gen Süden. Wer schon immer mal Freiburg besuchen wollte, für den ist jetzt der richtige Zeitpunkt, denn hier ist in etwa die Hälfte der Strecke erreicht – Zeit für einen Zwischenstopp über Nacht. Empfehlenswert ist dafür das Breisgau **Camping am Silbersee,** das am Tor des Naturparks Südlicher Schwarzwald liegt *(Seestraße 20–22 | Freiburg i. Br. | GPS 48.0602404, 7.8223347)*.

Am nächsten Morgen geht es gestärkt zurück auf die A5 und immer weiter in Richtung Urlaub. Nun ist die Schweizer Grenze wirklich nicht mehr weit. Nach knapp 70 Kilometern fährst du über den Grenzübergang Lörrach weiter in Richtung Basel und ab in die Schweiz. Du folgst der A2 in Richtung Luzern und der Beschilderung Chiasso Gotthard, Luzern, Bern, Arisdorf. Halte dich nun auf der A2 an der Ausfahrt links und folge den Schildern Chiasso Gotthard, Luzern, Zürich und Rothrist solange, bis du bei der Ausfahrt 47 rechts abfährst. Das letzte Teilstück bringt dich über die A2 bis zur Ausfahrt 47 direkt nach Locarno.

Adventure Kids

Experten-Check von PaulCamper

Coole Spiele für lange Fahrten

Ich packe meinen Koffer

Der Erste startet mit dem Satz „Ich packe meinen Koffer und nehme mit …" und nennt einen Gegenstand. Reihum fügt ihr nun immer eine weitere Sache hinzu, müsst aber immer alle anderen bisher genannten Dinge davor aufzählen. Wer sich irrt, scheidet aus. Wie viele Dinge schafft ihr, in euren Koffer zu packen?

Wort an Wort

Ein Mitspieler beginnt, indem er ein Wort nennt. Legt euch dabei auf eine Kategorie fest: Tiere, Berufe oder Orte. Wenn ihr euch auf Tiere einigt, könnt ihr zum Beispiel mit „Elefant" anfangen. Der nächste Spieler muss dann ein Tier mit dem letzten Buchstaben dieses Worts nennen, hier mit t, zum Beispiel „Tiger". Ihr könnt es noch ein bisschen schwieriger machen, indem ihr zusammengesetzte Wörter nutzt. Zum Beispiel „Bauherr" – „Herrenhaus" – „Haustür" und so weiter. Wem nichts mehr einfällt, scheidet aus.

Italienische Geschichten erfinden

Erfindet gemeinsam eine Abenteuergeschichte (oder auch ganz viele)! Einer von euch denkt sich den Beginn der Geschichte aus. Der Nächste knüpft dann dort an, wo der Erste aufhört, und erzählt weiter. Solange, bis ihr zu Ende erzählt habt. So geht es los: Es war einmal ein Seefahrer, der hatte einen schwarzen Bart und ein Holzbein …

Entdeckungsreise Lombardei, Piemont & Ligurien

Welchen Tieren bist du im Urlaub bereits begegnet?

- ○ Reh
- ○ Eidechse
- ○ Stachelschwein
- ○ Fuchs
- ○ Fischreiher
- ○ Dachs

Das Lombardei-Piemont-Ligurien-Quiz

1. Zu welchem Land gehören die Regionen Lombardei, Piemont & Ligurien?

___

Italien

2. Weißt du, für welches Gebäude die Großstadt Mailand bekannt ist?

___

Dom

3. Weißt du, welches Tier im Piemont Trüffel in der Erde aufspüren kann?

___

Trüffelschwein

4. Die italienische Flagge hat drei Farben. Welche sind es?

___

Grün, Weiß, Rot

Italien ist für seine leckere Pizza bekannt. Bestimmt freust du dich auch schon auf ein köstlich duftendes, italienisches Original. Was muss unbedingt auf deine Pizza, wie soll diese aussehen? Male ein Bild von deiner Lieblingspizza.

Gut zu wissen

Alkoholgesetze

In Italien gibt es kein gesetzliches Mindestalter für den Alkoholkonsum, das heißt Jugendliche dürfen legal Alkohol konsumieren, aber man muss 16 Jahre alt sein, um in einem Restaurant oder in einer Bar Alkohol serviert zu bekommen. Saufgelage auf der Straße sind in Italien eher unüblich und Verbote dagegen nicht so notwendig. Die Stadtverwaltungen sind in erster Linie um Lärm besorgt, und so schließen die Bars in der Regel spätestens um 2 Uhr nachts, doch in Clubs wird auch danach noch Alkohol ausgeschenkt.

Ärztliche Versorgung & Gesundheit

Die Notdienste in Italien sind in der Regel reaktionsschnell und zuverlässig. Die medizinische Versorgung in Krankenhäusern ist im Allgemeinen sehr gut. Krankenhäuser sind gut ausgestattet und die Ärzte sind fachkundig und freundlich.

NOTFALLNUMMERN

Gebührenfreie Notfallnummern: 112 (deutsch & engl.) und 118 (ital.)
Feuerwehr: 115
Polizei: 113
Sperrnummer bei EC-/Kreditkarten- oder Handyverlust: +49 116 116, Kreditkartennummer, IBAN/BIC/Handynummer bereithalten

Man sollte seine Haut besonders in den Sommermonaten vor der oft starken Sonneneinstrahlung mit Sonnencreme mit hohem Sonnenschutzfaktor schützen und einen Sonnenstich vermeiden, indem man einen Hut oder eine ähnliche Kopfbedeckung und eine Sonnenbrille trägt. Außerdem ist zu empfehlen, immer eine Wasserflasche bei sich haben, vor allem, wenn man in die Natur geht.

Insbesondere in der trockenen Jahreszeit ist es möglich, einen Zeckenbiss zu bekommen (zum Beispiel beim Wandern). Kontrolliere morgens und abends deinen Körper, speziell die Kniekehlen und Leisten. Wenn du eine findest, betäube das Tier nicht mit Alkohol, sondern benutze eine Zeckenzange (in Apotheken erhältlich) oder suche einen Arzt auf.

Diplomatische Vertretungen

Botschaft der Bundesrepublik Deutschland in Rom: Via San Martino della Battaglia 4 | 00185 Roma | Tel. +39 06 49 21 31 | *rom.diplo.de* | außerhalb der Dienstzeiten Tel. +39 335 79 04 170, *italien.diplo.de*
Generalkonsulat in Mailand: Via Solferino 40 | 20121 Milano | Tel. +39 02 62 31 10-1 | *mailand.diplo.de*

Botschaft der Republik Österreich in Rom: Via Pergolesi 3 | 00198 Roma | Tel. +39 06 84 40 14-1 | *aussenministerium.at/rom*
Generalkonsulat in Mailand: Piazza del

Liberty 8/4 | 20121 Milano | Tel. +39 02 77 80 78-0 | *aussenministerium.at/mailandgk*

Schweizerische Botschaft in Rom: Via Barnaba Oriani 61 | 00197 Roma | Tel. +39 06 80 95 71 | *eda.admin.ch/roma*
Generalkonsulat in Mailand: Via Palestro 2 | 20121 Milano | Tel. +39 02 77 791 61 | *eda.admin.ch/milano*

Einreisebestimmungen & Zoll

Italien gehört zur Europäischen Union und ist Mitglied des Schengenraums. Für die Einreise aus einem EU-Land oder der Schweiz reichen (vorläufige) Personalausweise oder (Kinder-)Reisepässe. Waren für den persönlichen Gebrauch sind abga befrei und bedürfen keinerlei Zollformalitäten. Es gelten Richtmengen für Genussmittel wie Zigaretten und Spirituosen.

Entsorgungsstellen

Neben Stellplätzen und Autobahnraststätten bieten vor allem Campingplätze Entsorgungsstellen für Chemietoiletten an. Diese befinden sich häufig an der Einfahrt zum Campingplatz oder in einem Nebenraum der Sanitäranlagen. Abhängig vom verwendeten System handelt es sich dabei um Häuschen oder Stationen. Üblich ist eine Säule mit Wasseranschluss und ein Abflussloch, manchmal auch mit Deckel, in welches der Inhalt der Toilettenkassette gekippt wird.

Elektrizität

Italien arbeitet mit einem 220-Volt-Wechselstromsystem. Für die meisten Steckdosen in Italien braucht man keinen Adapter. Allerdings gibt es in Italien, neben den in Deutschland üblichen Steckdosentypen C

WAS KOSTET WIE VIEL?

Ein Espresso am Tresen/ *al banco* 1,10 €

Ein Aperol Spritz mit Snacks 5 €

Ein Teller Risotto 7 €

1 l Superbenzin 1,83 €

Eine Oneway-Fahrkarte im Nahverkehr 1,50 €

Zwei Liegen mit Schirm pro Tag 15–30 €

und F, noch den Typ L. Diese Modelle haben drei nebeneinander oder übereinander liegende Löcher. Sie sind mit den flachen Steckern des Typs C, des sogenannten Euro-Steckers, kompatibel. Die dickeren Stecker des Typs F, auch Schuko-Stecker genannt, können jedoch nicht zusammen mit Steckdosen des Typs L verwendet werden. Dafür braucht man einen Adapter.

Geschäftszeiten

Geschäfte, Büros und Kirchen sind in der Regel von 9.30 bis 12 oder 13 Uhr und dann wieder von 15 oder 15.30 Uhr bis 19.30 Uhr geöffnet. Die Schließung am frühen Nachmittag ist der *riposo*, die italienische Siesta. Die meisten Geschäfte schließen am Sonntag ganztägig und viele auch am Montag (vormittags oder ganztägig). Manche Geschäfte, insbesondere Lebensmittelläden, schließen auch am Donnerstagnachmittag. Einige Dienstleistungen und Ämter sind nur am Vormittag geöffnet. Traditionell sind die Museen montags geschlossen, und obwohl einige der größten ganztägig geöffnet sind, schließen viele für den *riposo* oder sind nur vormittags geöffnet (9 bis 14 Uhr). Die Banken sind in der Regel montags bis freitags von 8.30 bis 13.30 und 14.30 bis 15.30 oder 15 bis 16 Uhr geöffnet.

Hunde

In Italien gibt es viele hundefreundliche Campingplätze. Am besten informierst du dich vorab telefonisch oder auf der Website des Anbieters. Für die Einreise mit Hund ist ein EU-Heimtierausweis obligatorisch. Zusätzlich brauchen Hunde einen Mikrochip oder eine gut lesbare Tätowierung, wie sie in Deutschland und anderen EU-Ländern ebenfalls nötig ist. Außerdem ist für Hunde unter 12 Jahren eine gültige Tollwutimpfung Pflicht, die Immunisierung muss mindestens 21 Tage vor Einreise abgeschlossen sein. Hunde zwischen 12 und 16 Wochen dürfen nur einreisen, wenn die Immunität festgestellt wurde, während Hunde bis zu einem Alter von 12 Wochen gar nicht einreisen dürfen.

Maut & Vignetten

Für die Maut in Italien gibt es keine Vignette. An Mautstationen werden Gebühren fällig. Um sie zu bezahlen, hat man vier Möglichkeiten: Barzahlung, Kreditkarte, die Prepaidkarte Viacard (erhältlich bei Verkehrsklubs wie dem AvD) und den Telepass, ein elektronisches Mautsystem, für das man eine Mautbox im Auto benötigt (erhältlich unter *tolltickets.com*), die

FELLNASE

Grundsätzlich sind Hunde an den ligurischen Stränden willkommen.

automatisch vom Bankkonto abbucht. Die Mautkosten sind damit höher!

Parken, Abstellen & Freistehen

An weiß gekennzeichneten Bordsteinen darf kostenlos geparkt werden. Gebührenpflichtige Parkzonen sind an einer blauen Kennzeichnung zu erkennen. Parken auf schwarz-gelben Bodenmarkierungen ist absolut verboten.

Wildes Zelten *(campeggio libero)* ist verboten. Es gibt zwar keine allgemeingültigen Regeln, aber die einzelnen Regionen sind für die jeweiligen Gesetze zuständig. Wer mit seinem Zelt, Wohnwagen oder Wohnmobil in der freien Natur übernachtet, muss mit Bußgeldern zwischen 100 und 500 € rechnen. Vor allem in touristisch geprägten Gebieten und am Meer gibt es strenge Kontrollen. In der Regel muss man dort rund 300 € Strafe zahlen.

REISEZEIT & WETTER

Die beste Reisezeit für Nordwestitalien hängt von den Vorlieben ab. Skifahrer werden von Dezember bis März im Aostatal gute Schneeverhältnisse haben, während Sonnenanbeter im Hochsommer an der Riviera mit ca. 30 °C die beste Zeit zum Sonnenbaden haben. Für Weinliebhaber sind Spätsommer und Frühherbst während der Weinlese die schönste Reisezeit. Generell sind die Monate April bis Juni sowie September und Oktober die angenehmste Reisezeit. Die Temperaturen sind dann in der Regel mild. Ab Mitte Juni ist mit sommerlichem Touristenansturm zu rechnen – auch auf die Campingplätze. Von Juli bis Mitte September wimmelt es von Urlaubern. Ab Anfang September kann es verstärkt zu Regenfällen kommen.

*Eine **Area Sosta Camper** ist in den allermeisten Orten die mit Abstand günstigste Stellplatzoption.*

Sprache

Die Menschen in Italien sind im Englischen nicht ganz so firm wie andere in Europa, selbst die jüngere Bevölkerung spricht oft wenig bis gar kein Englisch. Ältere Italienerinnen und Italiener hingegen sprechen nicht selten Deutsch, wenn auch gebrochen. Schon ein paar Wörter Italienisch bewirken im Gegenzug oft Wunder. Wenn gar nichts hilft, mach es wie die meisten: gestikulieren und lächeln.

Tempolimits & Verkehrsregeln

Generell gilt für Wohnmobile unter 3,5 t innerorts 50 km/h, außerorts 90 km/h, auf Schnellstraßen 110 km/h und auf Autobahnen 130 km/h. Für Wohnmobile über 3,5 t gilt innerorts 50 km/h, außerorts 80 km/h, auf Schnellstraßen 80 km/h und auf Autobahnen 100 km/h. Auf Autobahnen und außerorts muss außerdem auch tagsüber mit Tagfahrlicht gefahren werden. Bei Verstoß droht ein Bußgeld. Fahranfänger dürfen in den ersten drei Jahren auf Schnellstraßen nur 90 km/h und auf Autobahnen nur 100 km/h fahren.

Ins Schwitzen kommen viele Womo-Chauffeure, wenn sie ihr Gefährt durch einen Kreisverkehr navigieren müssen – und davon gibt es in Italien sehr viele. Hier gilt zwar offiziell auch die Rechts-vor-Links-Regel, also die Vorfahrt für das in den Kreisverkehr einfahrende Fahrzeug, allerdings wird diese in der Praxis fast immer ignoriert. Du solltest also extrem vorsichtig sein, wenn du in den Kreisverkehr fährst. Zusätzliche Warnung: Geblinkt wird dabei sowieso nur in den seltensten Fällen.

Tanken

Nordwestitalien bietet Wohnmobilfans ein gut ausgebautes Tankstellennetz. Es gibt mehrere Tankstellen, die neben Benzin und Diesel auch LPG/Autogas anbieten. Benzin ist in Italien teurer als in vielen Ländern Europas. Bleifreies Benzin heißt *senza piombo*. Nach Ladenschluss akzeptieren einige Tankstellenautomaten keine Kreditkarten, sondern nur Bargeld.

Wenn du eine italienische Gasflasche kaufen willst – deutsche werden nicht getauscht – so musst du wissen, dass es selten 11-kg-Flaschen gibt. Die gängigsten sind 0,5 – 3-kg-Flaschen. Zudem benötigst du einen Adapter, da italienische Gasflaschen einen anderen Anschluss haben als unsere. Generell kannst du italienische Gasflaschen an extra dafür vorgesehenen Tausch- oder Abfüllstationen erhalten. Adressen findest du in Touristenbüros oder auf Campingplätzen, die manchmal selbst die Möglichkeit des Befüllens oder des Flaschenkaufs anbieten.

Telefon

Die Landesvorwahl für Italien ist +39. Die Ortsvorwahlen (z. B. 02 für Mailand) sind in den Nummern selbst enthalten. Daher muss man die gesamte Nummer einschließlich der anfänglichen Null wählen, wenn man von einem Ort außerhalb oder innerhalb Italiens anruft, auch innerhalb der gleichen Stadt.

Toiletten

Abgesehen von Bahnhöfen und Tankstellen sind öffentliche Toiletten in Norditalien rar gesät. Die übliche Vorgehensweise ist, ein Café zu betreten, sich zu vergewissern, dass die Toilette nicht außer Betrieb *(fuori servizio)* ist, und dann einen *caffè* zu bestellen, bevor man sich auf die Toilette stürzt.

Trinkgeld

In Restaurants sind 10 bis 15 Prozent als *coperto* fast immer in der Rechnung enthalten – um sicherzugehen, frage: „È incluso il servizio?" Wer will, kann für guten Service 10 Prozent zusätzlich geben. In Bars und Cafés ist es eine großzügige Geste, dem Barkeeper eine 1-€-Münze pro Getränk auf den Tresen zu legen, obwohl das nicht erwartet wird.

Wasser

Obwohl in der Regel Mineralwasser zu den Mahlzeiten getrunken wird, ist Leitungswasser überall sicher. Unsichere Quellen sind mit *acqua non potabile* gekennzeichnet. Achtung: Wenn das Wasser trüb ist, liegt das lediglich am Kalzium oder anderen unschädlichen Mineralien. Außerdem ist das Wasser aus Brunnen in öffentlichen Parks nicht nur trinkbar, sondern oft auch schmackhaft.

RATSAM

Um den Geldbeutel zu schonen, parke nur auf für Camper vorgesehenen Flächen.

Feste & Events

PRÄCHTIG

Schmetternde Trompeten und flatternde Fahnen gehören zum Palio di Asti wie die edlen Pferde und die bunten Kostüme.

Januar

Milano Moda Uomo: Jan. & Juni Mailänder Modewoche für Herren, Ende Feb. & Sept. für Frauen: *cameramoda.it/en*

Sant'Orso: Handwerker-Event in Aosta: *fieradisantorso.it*

Februar

Carnevale di'Ivrea: Die Bewohner von Ivrea bewerfen sich mit 11 000 kg Orangen: *storicocarnevaleivrea.it*

Mai

Giro d'Italia: Ein Etappenziel führt auch nach Cogne im Aostatal: *giroditalia.it*

Juni

Festa dei Navigli: Fest am ersten Sonntag im Juni mit Verkaufsständen aller Art längs der Navigli in Mailand.

Palio marinaro genovese di San Pietro: Ruderwettkampf am 29. Juni (oder am nächsten So) der Stadtviertel Genuas in traditionellen Kostümen: *visitgenoa.it*

Novara Street Festival: Wanderveranstaltung von Straßenkünstlern und -musikern aus aller Welt Mitte Juni, zehn Tage lang in der Region Novara

Vignale in Danza: Internationales Tanzfestival (Juni–Nov.) in Vignale Monferrato: *vignaleindanza.com*

Juli

Tinca al Forno: Gourmetfest zur Feier der im Ofen gebackenen Schleie in der dritten Juliwoche in Clusane am Iseosee

August

Locarno Film Festival: Renommiertes Filmfest seit 1946 im Schweizerischen Locarno: *locarnofestival.ch*

Settimane Musicali Ascona: 1946 gegründetes Festival für klassische Musik (Ende Aug.–Mitte Okt.) in Ascona: *ascona-locarno.com*

Palio del Golfo: Ruderwettbewerb im Golf von La Spezia 1. So im Aug.: *paliodelgolfo.it*

September

Palio di Asti: Traditionelles, mittelalterliches Fest (seit dem 13. Jh.) mit einem Pferderennen ohne Sattel.

Großer Preis von Italien: Formel-1-Rennen im September seit 1950 auf dem Autodromo Nazionale Monza statt: *monzanet.it*.

Insider-Tipp

Trüffelschweine aufgepasst!

Im Spätherbst veranstalten fast alle Dörfer und Gemeinden der Region kulinarische Trüffelfestivals.

Oktober

Palio degli Asini: Beim Eselrennen in Alba tragen die neun Stadtteile den Wettkampf um das handgemalte Banner, den Palio, aus. Die Zuteilung der Esel erfolgt durch eine Verlosung am Morgen des Rennens: *fieradeltartufo.org*.

November

Torino Film Festival: Internationales Filmfestival, das seit 1984 jährlich in Turin stattfindet: *torinofilmfest.org/en*

Dezember

St. Ambrosius: Der Schutzpatron von Mailand wird am 7. Dezember in der Stadt mit einem traditionellen Feiertag geehrt, unter anderem mit Kunsthandwerks- und Antiquitätenmarkt.

FEIERTAGE

1. Jan. Capodanno (Neujahr)

6. Jan. Epifania (Hl. Drei Könige)

Ostersonntag Pasqua

Ostermontag Pasquetta

25. April Liberazione (Tag der Befreiung vom Faschismus)

1. Mai Festa del Lavoro (Tag der Arbeit)

2. Juni Festa della Repubblica (Nationalfeiertag)

15. Aug. Ferragosta (Mariä Himmelfahrt)

1. Nov. Ognissanti (Allerheiligen)

8. Dez. Immacolata Concezione (Mariä Empfängnis)

25. Dez. Natale (Weihnachten)

26. Dez. Santo Stefano (Stephanstag)

Camper-Packliste

CAMPINGAUSRÜSTUNG

- Gasflasche (und ev. Gasinhaltsmesser)
- Frischwasserkanister
- Abwasserschlauch
- Kabeltrommel
- Campingstromadapter
- Auffahrkeile oder Holzbretter als Stütze
- Sanitärflüssigkeit für Campingtoilette (falls vorhanden)
- Toilettenpapier
- Campingstühle und -tisch
- Markise und Vorzelt
- Heringe und Gummihammer
- Handfeger und Schaufel
- Decke und Kopfkissen, alternativ Schlafsack
- Wäscheleine und -klammern
- Campingleuchte oder Laterne
- Taschenlampe oder Stirnlampe
- Taschenmesser
- Duct-Tape
- Handwaschmittel
- Mückenspray, Sonnencreme
- Nagelset (inkl. Pinzette)

Zusätzlich

- MARCO POLO Straßenkarte(n)
- Grill (Koffergrill oder Gasgrill)
- Hängematte
- Decke
- Kartenspiele
- Mehrfachsteckdose
- USB-Adapter für Zigarettenanzünder
- Powerbank

SICHERHEITSAUSRÜSTUNG

- Reiseapotheke
- Verbandskasten (Ablaufdatum beachten)
- Warndreieck und -weste (1 pro Person)
- Feuerlöscher
- Ersatzreifen
- Wagenheber und Radkreuz
- Ersatzkanister und Einfüllstutzen
- Motoröl
- Starthilfekabel
- Abschleppseil
- Werkzeugkasten
- evtl. Ersatzglühbirnen und -sicherungen

CAMPINGKÜCHE

- ○ Küchenutensilien
- ○ Kühlbox (wenn kein Kühlschrank eingebaut)
- ○ Töpfe, Pfannen
- ○ Besteck inkl. Kochlöffel, Teller, Tassen, Gläser
- ○ (Brot-, Schneide-) Messer
- ○ Tupperdosen (für Reste)
- ○ Sieb
- ○ Reibe
- ○ Dosenöffner
- ○ Flaschenöffner, Weinöffner
- ○ Alufolie
- ○ Schere
- ○ Geschirrtücher, Spülmittel, Lappen, Küchenrolle
- ○ Topflappen
- ○ Müllbeutel
- ○ Kaffeekocher
- ○ Feuerzeug, Streichhölzer

NAHRUNGSVORRAT

- ○ Salz & Pfeffer, Gewürze (z. B. in kleinen Gläsern)
- ○ Öl, Essig
- ○ Kaffee, Tee
- ○ Müsli, Cornflakes
- ○ Brot, Aufstriche
- ○ Vorratslebensmittel (Nudeln, Reis, Linsen)
- ○ Gemüsekonserven: Tomaten, Mais, Kidneybohnen
- ○ Notration Essen (z. B. Dosenravioli)
- ○ Getränke

Fahrzeug-checkliste
Experten-Check von
PaulCamper

LÄNGERFRISTIG

- ○ Gasprüfung gültig?
- ○ Grüne Versicherungskarte gültig?
- ○ HU/AU (Haupt- und Abgasuntersuchtung) gültig?
- ○ Auflaufbremse geprüft (Fachwerkstatt)?

MITTEL- & KURZFRISTIG

- ○ Was tanken (Benzin/ Diesel)?
- ○ Beladungsgrenze/ -zustand?
- ○ Welche Reifen für die Destination nötig?
- ○ Winter- bzw. Sommerreifen montiert?
- ○ 12-V-Kabel vorhanden?
- ○ Profiltiefe der Reifen gecheckt?
- ○ Ölstand gecheckt?
- ○ Kühlmittelstand gecheckt?
- ○ Reifendruck gecheckt?
- ○ Öl, Kühlwasser und AUS 32/AdBlue bei Dieselmotor zum Nachfüllen vorhanden?
- ○ Ladezustand Starterbatterie und Wohnraumbatterie gecheckt?
- ○ Toilette an Bord und entleert?
- ○ Wassertank vorhanden und gefüllt?
- ○ Wasserpumpe funktioniert?
- ○ Gasvorrat vorhanden?
- ○ Markise/Sonnensegel/ Regenalternative vorhanden?
- ○ Vorzelt nötig?
- ○ Wohnwagen: Elektrostecker funktionieren (Bremslichter und Co)?

VOR DER ABFAHRT

- ○ Dachluke geschlossen?
- ○ Fenster zu?
- ○ (Stand-)Heizung aus?
- ○ Markise eingefahren und gesichert?
- ○ Kühlschrank verriegelt und auf 12 V umgestellt?
- ○ Alles vom Tisch geräumt und gesichert?
- ○ Schubladen/Schränke sicher geschlossen?
- ○ Tische und Stühle sicher verstaut?
- ○ Herdabdeckung zu?
- ○ Gasventil geschlossen?
- ○ 230-V-Kabel getrennt und eingepackt?
- ○ Wasserpumpe abgeschaltet?
- ○ Abwassertank geschlossen?
- ○ Trittstufe eingefahren?
- ○ Stützen eingefahren und Keile verstaut?
- ○ Wassertankdeckel verschlossen?
- ○ Handbremse gelöst?
- ○ Heckgarage abgeschlossen?
- ○ Alle Mitfahrer inklusive Hund an Bord?

Dann kann's losgehen!

Camper-Wörterbuch Italienisch

Höflich sein

Hallo / Tschüss Salve / Ciao
Danke / Bitte Grazie / Prego
Entschuldigung Scusa / Scusi
Wie heißt du / Wie heißen Sie? Come ti chiami / Come si chiama?
Mein Name ist … Mi chiamo …
Wie geht es dir / Ihnen? Come stai / Come sta?

Beim Einkaufen

Bäckerei Panificio
Drogerie Drogheria
Einkaufszentrum Centro commerciale
Markt Mercato
Metzgerei Macelleria
Supermarkt Supermercato
Ich hätte gerne … Vorrei …
Wie viel kostet das? Quanto costa?
Bar / Kreditkarte Contante / Carta di credito

Einkaufsliste

Alufolie Foglio di alluminio
Bier / Wein Birra / Vino
Brot Pane
Butter / Margarine Burro / Margarina
Essig / Öl Aceto / Olio
Eier Uova
Gemüse Verdura
Marmelade / Honig Marmellata / Miele
Milch Latte
Müsli Müsli
Nudeln / Spaghetti Pasta / Spaghetti
Obst Frutta
Käse Formaggio
Toilettenpapier Carta igienica
Wasser Acqua
Wurst / Fleisch Salumi / Carne

Gesund bleiben

Apotheke / Arzt Farmacia / Medico
Desinfizieren Disinfettare
Desinfektionsmittel Disinfettante
Durchfall Dissenteria
Fieber Febbre
Halsschmerzen Mal di gola
Kopfschmerzen Mal di testa
Krankenhaus Ospedale
Krankenwagen Ambulanza
Krankenversicherung Assicurazione sanitaria
Pflaster Cerotto
Schmerztabletten Analgesici

Unterwegs

Abschleppen Rimorchiare
Autobatterie Batteria per auto
Autobahn Autostrada
Baustelle Lavori in corso
Benzin (bleifrei) Benzina (senza piombo)
Bremslicht Luce di arresto
Diesel Diesel
Ersatzreifen Ruota di scorta
Führerschein Patente di guida

Getriebe Cambio
Luftdruck Pressione dell'aria
Maut Pedaggio
Öl Olio
Ölwechsel Cambio dell'olio
Panne Panne
Parkplatz Parcheggio
Reifen Gomma
Reifenschaden Guasto alla gomma
Sackgasse Strada cieca
Schotterstraße Strada sterrata
Starthilfekabel Cavo per avviamento tramite collegamento alla batteria
Strafzettel Multa
Tankanzeige Indicatore del livello di carburante
Tankstelle Distributore di benzina
Temperaturanzeige Indicatore di temperatura
Umleitung Deviazione
Wagenheber Cric
Warndreieck Triangolo
Wassertank Serbatoio dell'acqua
Werkstatt Officina
Werkzeug Attrezzo
Zoll Dogana

Auf dem Campingplatz

Abwasser Acqua di scarico
Batterie Batteria
Brennspiritus Alcol denaturato
Campingplatz Campeggio
Dosenöffner Apriscatole
Dusche Doccia
Elektroanschluss Allacciamento elettrico
Flaschenöffner Apribottiglie
Frischwasser Acqua fresca
Gabel Forchetta
Gasflasche Bombola del gas
Gaskocher Fornello a gas
Geschirrspülbecken Lavello
Grillen Grigliare
Grillkohle Carbonella
Hammer Martello
Hering Picchetto
Hunde erlaubt / nicht erlaubt Cani ammessi / non ammessi
Kerze Candele
Korkenzieher Cavatappi
Lagerfeuer Fuoco da campo
Leihen Noleggiare
Löffel Cucchiaio
Messer Coltello
Müll Rifiuti
Petroleumlampe Lampada a petrolio
Pool Piscina
Schlafsack Sacco a pelo
Schmutzwasser Acqua sporca
Sonnencreme Crema solare
Steckdose Presa di corrente
Streichhölzer Fiammifero
Strom Corrente elettrica
Stromanschluss Allacciamento alla rete elettrica
Taschenlampe Torcia elettrica
Taschenmesser Coltellino
Toilette Toilette
Trinkwasser Acqua potabile
Vorzelt Veranda
Wäscheklammer Molletta
Wasser (kalt / warm / heiß) Acqua (fredda / calda / molto calda)
Wasseranschluss Allacciamento dell'acqua
WLAN Wi-Fi
Wohnmobil Camper
Wohnwagen Roulotte
Zelt Tenda
Zeltstange Palo della tenda
Zeltschnur Tirante della tenda

Urlaubsfeeling

Playlist

▶ **Adriano Celentano – Azzurro**
Fand in vielen Versionen die Gehörgänge – selbst die Punkadaption der Toten Hosen zur Fußball-WM 1990.

▶ **Ricchi e Poveri – Sarà perché ti amo**
Seit 1981 versüßt die Disco-Group aus Genua Erinnerungen an die erste Italienreise.

▶ **Die Flippers – Lago Maggiore**
Die deutsche Schlagerband besang den Lago Maggiore zum Mitschunkeln.

▶ **Paolo Belli – Juve**
Die Juventushymne ist mitreißender Italo-Pop zum Mitgrölen.

▶ **Umberto Tozzi – Ti amo**
Carpendale sang „Du sagtest... ti amo!" Doch das Original ist vom Turiner Tozzi.

▶ **Tony Renis – Quando quando quando**
Der Mailänder Sänger fragt noch immer, wann es endlich so weit ist.

Den Soundtrack zum Urlaub gibt's auf **Spotify** unter **MARCO POLO Italy**

Lesestoff & Filmfutter

Der Fall Bramard – Davide Longos Roman erzählt nicht nur einen spannenden Kriminalfall, sondern zeichnet ein Portrait der italienischen Gesellschaft und zieht durch seine lakonischen Beschreibungen des wandernden Ex-Kommissars und seiner kargen Heimat in den piemontesischen Bergen in den Bann (2014).

Charlie staubt Millionen ab (The Italian Job) – Nach der Haftentlassung plant der Meisterdieb Charlie Croker (Michael Caine) einen Goldraub in Turin. Die Szenen des britischen Kultfilms von 1969 gingen in die Filmgeschichte ein.

Ocean's Twelve – Die von Steven Soderbergh inszenierte Gaunerkomödie mit George Clooney, Brad Pitt, Julia Roberts und Catherine Zeta-Jones von 2005 wurde zum Teil am Comer See gedreht – u. a. in Clooneys privater Villa in Laglio.

Jenseits der Wolken – 1995 wählten Michelangelo Antonioni und Wim Wenders das beschauliche Portofino in Ligurien als eine der Kulissen für ihren Film mit John Malkovich und Sophie Marceau. Darin reist ein Regisseur mit Fotoapparat und Notizblock durch Italien und Frankreich.

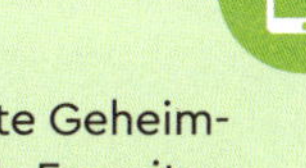

Apps & Websites

inLombardia
Die offizielle App der Tourismusregion Lombardei funktioniert wie ein Reiseführer in der Tasche. Hier findest du zahlreiche Informationen zu Restaurants und Sehenswürdigkeiten.

YouLiguria
Liguriens erste Tourismus-App mit zahlreichen touristischen Reisezielen in der Region sowie Informationen zu Restaurants, Shops und anderen ligurischen Highlights.

Musei Piemonteitalia
Mit der Museums-App für das Piemont kannst du ganz einfach durch die Museen der Region navigieren.

Park4Night
Hervorragende App von Campern für Camper. Mit Abertausenden von Camping-Stellplätzen, oft echte Geheimtipps. Auf Plätze, die du als Favoriten speicherst, hast du auch offline Zugriff.

kleinecampingplaetze.de
Auf der ACSI-Website findest du zahlreiche kleine und feine Camping- und Stellplätze in Italien. Die Suche ist nach Regionen gegliedert und bietet pro Stellplatz detaillierte Informationen zu Ausstattung und Lage. Auch die Buchung funktioniert über die Website.

translate.google.com
Je kleiner die Dörfer, desto schwieriger wird die Verständigung auf Englisch oder gar auf Deutsch. Der Google Übersetzer hilft mit der Bilderkennung bei Speisekarten, die nur auf Italienisch sind und dank Voice-Option auch bei schnellen Unterhaltungen.

WEGTRÄUMEN?

Mit Playlist, Lesestoff und Filmen den Urlaub aufleben lassen.

Register

Stell- & Campingplätze

Tour A

Tour B

Register

Impressum

Titelbild: Cinqueterre (C. Sehi)

Fotos: iStock.com: anyaberkut (188/89), apomares (205), Bee-individual (206), Koldunov (211); C. Sehi (18/19, 27, 37, 38, 40, 42, 46, 50, 66, 70, 92, 104, 115, 128, 148, 152, 156, 167, 186, 215); Shutterstock.com: paolo airenti (184), AleMasche72 (122), Arcansel (111), arkanto (68), S. Benanti (143), BlackMac (202), D. Bonacina (94), F. Bonino (113), V. Cantone (168), A. Chaikin (52), N. Colombo (16), DisobeyArt (4/5), M. Dotta (89), I. Dyba (57), elitravo (140), S. Ember (32), Emm.bal (78), essevu (130), Davide F (48), A. Finocchiaro (136), K. Fisher (8, 61), focusluca (106), Framarzo (139), E. Galeotti (163), gevision (64), gkuna (154), Y. Grigoryeva (12), inobjective (170), iryna1 (62), A. Ivanov (164), A. Izzotti (182), joyfull (6), M.-B. Lazar (120), leoks (30, 76, 90), leonori (17), TY Lim (176), L. Lorenzelli (44), F. Lotti (158), C. A. Lugmayer (135), Liane M (126), maloff (102), M. Mayer (124), P. Petyt (199), Filippo PH (147), pixelshop (Klappe vorn innen), Luca Rei (178), A. Riccia (74), Risen20019 (Klappe hinten innen), Romrodphoto (172), M. Rossetti (80, 85), saiko3p (22, 144), B. Stroujko (174), studiogi (96), trabantos (34), Travelling Jack (150), xbrchx (58, 72), Olena Z (116); Shutterstock.com/canadastock (98); A. Steinbach (11, 15, 100, 119, 181, 201)

1. Auflage 2023

Autor*innen:
Anne Steinbach & Clemens Sehi
Lektorat & Bildredaktion:
Susanne Schleußer, derschönstesatz
Kartografie: © KOMPASS-Karten GmbH unter Verwendung von © OpenStreetMap Contributers (www.openstreetmap.org)
Gestaltung Umschlag & Layout: Sofarobotnik, Augsburg & München
Übersetzung Camper-Wörterbuch: Baltic Media

Printed in Italy

Lob oder Kritik? Wir freuen uns auf deine Nachricht!

Trotz gründlicher Recherche schleichen sich manchmal Fehler ein. Wir hoffen, du hast Verständnis, dass der Verlag dafür keine Haftung übernehmen kann. Wir freuen uns aber, wenn du uns schreibst: MARCO POLO Redaktion • MAIRDUMONT • Postfach 31 51 • 73751 Ostfildern • info@marcopolo.de

MARCO POLO AUTOR*INNEN

Anne Steinbach & Clemens Sehi

Anne Steinbach und Clemens Sehi betreiben den erfolgreichen Reiseblog *travellersarchive.de*. Die beiden sind Vollzeit auf Reisen – mal im Dschungel von Uganda, mal im wuseligen Tokio. Am liebsten aber in ihrem umgebauten Sprinter, mit dem sie im Sommer ihr Herz an Nordwestitalien verloren haben. Zu schön waren die Antipasti-Abende über dem Lago Maggiore, zu pittoresk die Serpentinen der Cinqueterre und zu gut das Risotto der *nonna* im nächsten Dorf.

Bloß nicht ...

Schulterfrei in die Kirche gehen

Egal, wie heiß es im Sommer in Nordwestitalien ist, ein kleines Tuch oder eine Jacke sollte immer in der Tasche sein. Denn ein Besuch einer Kirche geht für Frauen nicht, ohne dass die Schultern bedeckt sind.

Spaghetti mit dem Messer schneiden

Wer seine Spaghetti mit dem Messer schneidet, trinkt auch Cappuccino nach elf Uhr. Beides lässt den gemeinen Touristen schnell als solchen im Italienurlaub auffallen. Wer beides vermeidet, mischt sich jedoch unter die Einheimischen wie ein alter Hase. Klingt doch gut, oder?

ZU FREIZÜGIG AM STRAND LIEGEN

Wenn es eine Sache gibt, bei der es in Italien streng zugeht, dann ist es der Strandbesuch. Hier gilt: einfach nicht auffallen. Das heißt, keine laute Musik, keine Tiere und bloß nicht den FKK-Tag vom Ostseeurlaub an die ligurische Küste verlegen. Das könnte ganz schön teuer werden.

MIT DEM WOMO IN DIE CINQUETERRE FAHREN

Die Vorstellung, seinen eigenen Camper direkt in einem der malerischen Cinqueterre-Dörfer mit Traumausblick zu parken, schreit förmlich nach dem perfekten Urlaubsfoto. Doch das bedeutet in der Realität mehr Stress als Freude. Am besten bereist du die Cinqueterre mit dem Zug und lässt dein Womo einfach in La Spezia oder Levanto stehen. Die Tagestickets gibt es am Bahnhof. Mit dieser Karte kannst du den ganzen Tag von Ort zu Ort fahren – so oft du willst. Macht definitiv mehr Spaß!

Wichtige Dinge in der Mittagszeit planen

Die Italienerinnen und Italiener nehmen es ernst, ihr *riposo* in der Mittagszeit. Häufig werden zwischen 13 und 16/17 Uhr nicht nur die Rollläden herunter-, sondern auch die Bordsteine hochgeklappt. Dann ist alles zu und die Straßen förmlich leer gefegt. Erkundige dich am besten vorher online, was wann geschlossen ist. Ansonsten gilt: Die Siesta ist ein guter Zeitpunkt, um selbst im Wohnmobil zu entspannen und einfach einmal nichts zu tun.